Stundenblätter
»Death of a Salesman«

Frauke Rimmelspacher-Heuseler

Stundenblätter Miller »Death of a Salesman«

36 Seiten Beilage

Ernst Klett Verlag für Wissen und Bildung
Stuttgart · Dresden

Reihe: Stundenblätter Englisch

> Dem Unterrichtsmodell liegt folgende Textausgabe zugrunde:
> Arthur Miller, Death of a Salesman.
> Text and Study Aids.
> Edited and annotated by Peter Bruck and Rudolph F. Rau.
> Klettbuch-Nr. 57763
> Alle Seitenangaben beziehen sich auf diese Ausgabe.

 Gedruckt auf Papier, welches aus Altpapier hergestellt wurde.

Die Deutsche Bibliothek – CIP-Einheitsaufnahme
Rimmelspacher-Heuseler, Frauke:
Stundenblätter Miller "Death of a Salesman" /
Frauke Rimmelspacher-Heuseler. –
4. Aufl. – Stuttgart; Dresden: Klett, Verlag für Wissen und Bildung, 1995
(Reihe: Stundenblätter Englisch)
ISBN 3-12-925191-X

4. Auflage 1995
Alle Rechte vorbehalten
Fotomechanische Wiedergabe nur mit Genehmigung des Verlages
© Ernst Klett Verlag für Wissen und Bildung GmbH, Stuttgart 1990
Satz: Wilhelm Röck, Weinsberg, und G. Müller, Heilbronn
Druck: Wilhelm Röck, Weinsberg
Einbandgestaltung: Zembsch' Werkstatt, München
ISBN 3-12-925191-X

Inhalt

Vorbemerkungen zu Autor und Stück 7

Konzeption und Aufbau der Unterrichtseinheit 15

Darstellung der Einzelstunden

Unit 1: The Loman Family 22
1./2. Stunde: The Opening of the Play / The Loman Family at the Outset .. 22

Unit 2: The Father-Son-Relationship 28
3./4. Stunde: Conflicts and Problems in the Father-Son-Relationship 28

Unit 3: Willy's Escape into the Past 36
5. Stunde: Timeshifts in DS. 36
6. Stunde: The Function of the Timeshifts 48

Unit 4: The Impact of the Past 50
7. Stunde: The Catastrophe Foreshadowed 50
8./9. Stunde Loman's Road to Catastrophe 59

Unit 5: Willy's lack of Identity 61
10. Stunde: Who was Willy Loman? 61
11./12. Stunde: Willy's Models in Life – A Survey 70

Unit 6: Social criticism in DS 73
13. Stunde: Society in DS 73
14./15. Stunde: Willy Loman Between Myth and Reality 84
Alternativplanung zur 14./15. Stunde 87

Literaturverzeichnis 90

Vorbemerkungen zu Autor und Stück

Zur Rezeption und Renaissance des Stückes

Arthur Miller zählt – neben Eugene O'Neill, Thornton Wilder, Tennessee Williams und Edward Albee – zu den bekanntesten amerikanischen Bühnenautoren der Moderne. Nach einigen wenig erfolgreichen schriftstellerischen Versuchen gelang ihm 1947 mit *All My Sons* und vor allem zwei Jahre später mit *Death of a Salesman* der Erfolg am Broadway, sowie über die Grenzen der Vereinigten Staaten hinaus der Durchbruch zum Dramatiker von internationalem Rang. Miller wurde im selben Jahr mit dem Pulitzerpreis ausgezeichnet, und die 1951 gedrehte Verfilmung des Dramas erhielt den Großen Preis von Venedig.

„Mit dem *Tod des Handlungsreisenden* hat Arthur Miller sich nicht nur von seinem Vorbild Ibsen gelöst und eine eigene Ausdrucksform gefunden, sondern zugleich eines der bedeutendsten Dramen unserer Zeit geschaffen, das inzwischen zu den klassischen Werken der Moderne zählt." (R. Lübbren, S. 45)

Seit seiner Uraufführung (10. Februar 1949) ist das Stück immer wieder den unterschiedlichsten Deutungen ausgesetzt, obwohl Miller sich in zahlreichen Essays und Interviews gegen die einseitige Inanspruchnahme durch bestimmte Interessengruppen verwahrt hat.

Das damalige New Yorker Publikum war in der Tat tief betroffen vom Schicksal des Handlungsreisenden. Die meisten sahen in ihm den *American Everyman* und in seinem Scheitern das Versagen bzw. die Kehrseite des *American Dream*. Für andere war er der *man-in-the-street*, der den Zwängen einer Konkurrenz- und Leistungsgesellschaft zum Opfer gefallen war; sie deuteten *DS* im Sinne des sozialkritischen Dramas der dreißiger Jahre und verstanden es als eine marxistisch orientierte Kritik am Kapitalismus.

Auch Unternehmergruppen sowie Vertreterorganisationen fühlten sich auf den Plan gerufen:

"'It's not true that the *Death of a Salesman* gives a true picture,' said one indignant businessman at a Chamber of Commerce Executive's meeting in St. Louis. 'The professional salesman has ... a life built upon the foundation stone of attitude, knowledge, integrity and industry.'" (zitiert nach S. Kennedy, p. 34)

Ihnen wiederum stehen Deutungen entgegen, die in dem alternden Handlungsreisenden und in seinem von Ängsten und Befürchtungen, Erwartungen und Hoffnungen geprägten Dasein ein allgemein und zeitlos gültiges menschliches Schicksal zu erkennen glauben.

Wie immer man *DS* auch verstehen mag, ob als Gestaltung eines individuellen Schicksals oder als sozialkritisches Stück, Miller scheint in jedem Fall die Stimmung, die Probleme und Befürchtungen der damaligen Zeit artikuliert zu haben. Und nicht allein das amerikanische Publikum fühlte sich angesprochen, sondern das Stück stieß auch in Europa auf große Resonanz, wo in der Nachkriegszeit das Gefühl von Unsicherheit und Angst offenkundig ebenso verbreitet war wie in den USA.

In den letzten Jahren mehren sich die Anzeichen, daß Millers Dramen, insbesondere *DS*, eine Renaissance erleben. Nicht nur an europäischen Bühnen ist *DS*

wieder neu inszeniert worden (die Produktion des *National Theatre of Great Britain* beispielsweise erwies sich in der Saison 79/80 geradezu als Hit). Miller selbst hat das Stück auch mit großem Erfolg in China inszeniert und über diese Inszenierung ein Tagebuch veröffentlicht, das 1984 erschienen ist (*Salesman in Bejing*, New York 1984).
Neu ist auch die Verfilmung von Volker Schlöndorff, die angeblich genau das von Miller selbst gewünschte Bild des Stückes vermittelt und sich in Amerika als Riesenerfolg erwiesen hat (vgl. „Der Spiegel", Nr. 19, 5. Mai 1986). Sie läuft seit Mai 1986 in bundesdeutschen Kinos.
Und um nicht zuletzt auf die Stellung des Dramas an Schulen und in bundesdeutschen Lehrplänen zu kommen, so hat *DS* seit langem im Lektürekanon der Oberstufe einen festen Platz eingenommen. Angesichts der literarischen Bedeutung und der erneuten Popularität des Stückes erscheint es überflüssig, die Entscheidung für Millers meistgelesenes Drama an dieser Stelle zu begründen. Interessanter ist vielmehr die Frage, aus welchen Gründen *DS*, ein Drama, dessen Uraufführung nahezu 40 Jahre zurückliegt, sich seit Anfang der achtziger Jahre dieser offenkundigen Renaissance erfreut.
Millers Schaffen ist maßgeblich von der persönlichen Erfahrung der Weltwirtschaftskrise geprägt. Der Börsenkrach von 1929 und seine wirtschaftlichen Auswirkungen, insbesondere die verbreitete Arbeitslosigkeit, wurden für ihn zum zentralen Erlebnis seiner Jugendjahre. Wie andere, die bis dahin an die Stabilität der Verhältnisse geglaubt hatten, erlebte er die *Great Depression* als Zusammenbruch seines Bildes von Amerika als dem Land der unbegrenzten Möglichkeiten:

"Until 1929 I thought things were pretty solid. Specifically, I thought – like most Americans – that somebody was in charge. I didn't know exactly who it was, but it was probably a businessman, and he was a realist, a no-nonsense fellow, practical, honest, responsible. In 1929 he jumped out of the window." (Arthur Miller, *The Shadows of the Gods*, p. 176)

Die Wirtschaftskrise führte auch zu einschneidenden Veränderungen im persönlichen Leben Arthur Millers. Nach dem Zusammenbruch der väterlichen Bekleidungsfabrik sah sich die Familie Miller gezwungen, ein kleineres Haus in Brooklyn zu beziehen – vermutlich dem der Lomans ähnlich. Und 1932 nach dem Abschluß der High School mußte Miller durch verschiedene Gelegenheitsarbeiten das Geld für sein Studium finanzieren. Die Reihe dieser Gelegenheitsarbeiten (Expedient in einem Autoersatzteillager, Kellner, Fabrikarbeiter, Kraftfahrer u. ä) erinnert nicht nur an Biff; sie vermittelte ihm zweifellos auch persönlichen Einblick in das Leben des *man-in-the-street* und hat dazu beigetragen, daß sowohl die wirtschaftlichen als auch die psychischen Auswirkungen der *Great Depression* auf den kleinen Mann als zentrales Anliegen des Autors gelten können.

P. Goetsch betont, daß Millers Aussagen über die Zeit der Weltwirtschaftskrise und ihre Auswirkungen Hinweise für die Interpretation von *DS* liefern, die bisher zu wenig beachtet worden sind:

„Das Stück spielt 1928, und wie sich von dieser Zeitangabe her ermitteln läßt, im Jahre 1945, d. h. es klammert die Zeit der Weltwirtschaftskrise und des Zweiten Weltkriegs gleichsam ein und behandelt sie indirekt. Es kontrastiert die Illusionen und Hoffnungen Willy Lomans in seiner erfolgreichsten Zeit als Handelsvertreter – ein Jahr vor dem Börsenkrach – mit seiner Situation im Jahre 1945 und stellt parallel dazu dar, wie sich der erfolgreiche Sportler Biff in einen haltlosen Gelegenheitsarbeiter verwandelt. So wie Arthur Miller, der 1915 in Brooklyn geboren und nur etwa vier Jahre jünger ist als der am gleichen Ort geborene

Biff, seine eigene Reaktion auf die *Great Depression* als Zusammenbruch seiner Illusionen definiert, so gründet Biffs Scheitern in der traumatischen Erfahrung, daß sein Vater ... ein ‚phony litte fake' ist. Anscheinend möchte Miller die *Great Depression* primär als Krise des amerikanischen Weltbildes deuten und läßt sich deshalb nicht darauf ein, die tatsächlichen Verhältnisse der dreißiger Jahre auf der Bühne zu vergegenwärtigen." (P. Goetsch, *Death of a Salesman*, S. 209)

Zusammenfassend läßt sich also feststellen, daß es jeweils Zeiten wirtschaftlicher Krisen sind, in denen Millers Stücke aktuell werden. Heute, wo angesichts einer weltweiten Wirtschaftskrise der *common man* wieder stärker zu spüren bekommt, daß die Fassade unserer Wirtschaftsphilosophie von Aufstieg, Leistung, Wachstum, Fortschritt und Wohlstand brüchig wird, geht diese wirtschaftliche Krise einher mit einer Sinnkrise.

Der Zusammenbruch seiner Illusionen sowie das persönliche Scheitern Willy Lomans verweisen auf eine größere Dimension: Sie reflektieren eine weitverbreitete Orientierungslosigkeit angesichts der jüngsten Krise eines vermeintlich stabilen Wirtschafts- und Gesellschaftssystems.

Krisendramatiker ist A. Miller auch für W. Lange, der die Renaissance von *DS* keineswegs für zufällig hält, sondern auf augenscheinliche Parallelen zwischen den fünfziger und den achtziger Jahren zurückführt. Er schreibt:

„So ist etwa das Entstehungsjahr des „Handlungsreisenden" – 1949 – gekennzeichnet von ökonomischer und sozialer Unsicherheit, deren Ursachen in den kriegs- und nachkriegsbedingten Umwälzungen zu suchen sind. Auch in Deutschland bestanden um 1950 günstige Bedingungen für eine breite Rezeption des ‚Handlungsreisenden'.

Willy Loman steht für all die Opfer, die die wiederkehrenden Krisen des kapitalistischen Wirtschaftssystems immer wieder fordern. Dabei ist er, ebensowenig wie die anderen Hauptfiguren bei Miller, keine Figur, die sich gegen die repressiven Umstände auflehnt oder um Veränderungen kämpft, sondern er erleidet sein Schicksal weitgehend passiv, allerdings immer mit dem demonstrativen Hinweis auf sein ethisch-moralisches Recht.

Nun haben die gesellschaftlichen Krisen um 1950 wie auch in den frühen achtziger Jahren keinen eigentlichen revolutionären Umbruchcharakter. Beide Zeitabschnitte sind vielmehr gekennzeichnet von einem Mangel an sozialer, materieller und geistiger Stabilität und der Ungewißheit über die Zukunft. Für eingreifende Veränderungen fehlte es damals wie heute sowohl in den USA als auch in Deutschland bei weiten Bevölkerungskreisen zwar nicht an Unzufriedenheit, aber doch an genügendem Krisenbewußtsein. Beidemal führt die Krise in der Politik zu einer konservativen Wende."
(W. Lange, *Krisenklassiker, nicht Universalklassiker. Zur Renaissance Arthur Millers*, S. 84ff.)

Lange stellt weiterhin fest, daß der heute 70jährige Autor dazu tendiere, seine Kritik am amerikanischen Gesellschaftssystem zu relativieren und *DS* zumindest partiell neu zu deuten. Er sei darum bemüht, das Stück von alten Mißverständnissen und Vorurteilen zu befreien, „die Existenz weltweiter humaner Werte", wie etwa „die Würde des Menschen", hervorzuheben und dieses Anliegen in die Neuinszenierungen auf dem Theater sowie durch den Film einzubringen. Hierin sieht Lange einen Versuch des Autors, – in typischer Manier des Klassikers – seinen „Werken und ihrer Aussagekraft über den historischen Entstehungszusammenhang hinaus größere Gültigkeit zu verschaffen". (Lange, S. 89). Wenn jedoch, so folgert Lange weiter, Millers Inszenierung in Peking auf eine so erstaunliche Resonanz gestoßen ist, wenn heutzutage eine Identifikation von seiten des Publikums mit *DS* stattfindet, dann beweist das

„nicht so sehr die Existenz allgemein menschlicher Werte, sondern deutet darauf hin, daß dieses Drama in unterschiedlichsten krisenhaften Situationen aktuell sein kann. Miller wäre dann nicht der Universalklassiker, zu dem er sich gerne stilisieren möchte, sondern eher ein Klassiker der gesellschaftlichen Krisensituationen". (W. Lange, S. 90)

Soziales Drama oder Tragödie eines Individuums?

Wie aber kommt es, so möchte man weiterfragen, daß Miller, der anerkanntermaßen als Kritiker der amerikanischen Gesellschaft sowie ihres unerschütterlichen Glaubens an den *American Dream* gilt, daß diesem „Klassiker der Krisensituationen" immer wieder Inkonsequenz, Verschwommenheit und Ungenauigkeit in bezug auf seine Gesellschaftskritik in DS vorgeworfen wird?

Zweifellos liegt die Ursache zum einen in der Form seiner Gesellschaftskritik. Obgleich der gesellschaftliche Hintergrund in DS eine so große Rolle spielt, verzichtet Miller darauf, die Mißstände offen anzuprangern und diese Gesellschaft aggressiv in Frage zu stellen. Seine Kritik übt er lediglich indirekt: sie richtet sich gegen die Einseitigkeit dieser Gesellschaft, gegen ihre Anpassung an die Normen von Leistung und Erfolg, da diese die Würde und Autonomie des Individuums untergraben und das Recht des Einzelnen auf Selbstverwirklichung ignorieren. Willy Lomans individuelles Schicksal gewinnt bei dieser indirekten Form der Kritik exemplarischen Charakter für die Stellung des heutigen Menschen in der amerikanischen Gesellschaft.

Ferner fehlt der Aspekt des Klassenkonflikts oder der Aufruf zu politischer Aktivität; Miller unterbreitet keine Vorschläge zur Umgestaltung der gegenwärtigen Gesellschaft, so daß von einer sozialistischen Kritik am Kapitalismus in diesem Stück keine Rede sein kann. Indem er Charley, Bernard und Howard mit durchaus sympathischen Zügen ausstattet, vermeidet er, die Mitglieder dieser Gesellschaft schwarz-weiß zu zeichnen und hütet sich vor vereinfachenden Verallgemeinerungen, die der gesellschaftlichen Wirklichkeit nicht entsprechen. Kritiker, die Millers sozialkritische Position nicht eindeutig genug im Stück belegt sehen, gelangen deshalb nicht selten zu einem Urteil, das dem folgenden vergleichbar ist:

"In fact, the exaggerated nature of Bernard's success suggests that Miller partially shares the 'American Dream' himself; and he has been accused of making a merely vulgar distinction between successful materialism in Charley and Bernard and unsuccessful in Willy."
(B. Parker, p. 152)

Eine weitere Ursache für die diffuse Wirkung seiner Gesellschaftskritik liegt nach Ansicht vieler Kritiker darin, daß Miller sie zu sehr in der besonderen Situation der Familie Loman verankert habe. Die Darstellung dieses psychologischen Familiendramas drohe die gesellschaftskritischen Implikationen zu unterdrücken. Vor allem dominiere der Vater-Sohn-Konflikt zu stark: die allzu gradlinige Psychologie, die das Versagen des Sohnes auf jenes Schlüsselerlebnis in Boston zurückführt (Biff überrascht den Vater mit der Geliebten), gilt allgemein als Schwäche dieses Stücks, da sie die ideologiekritischen Aussagen des Autors, die hauptsächlich in Biffs Desillusionierung zum Ausdruck kommen, nicht deutlich genug erkennen lasse (vgl. hierzu auch Unit 5, Didaktische Vorbemerkungen zur 10.–12. Stunde).

Ähnliches gilt auch für den Protagonisten selbst. Miller habe ihn so sehr mit besonderen, individualpsychologischen Zügen ausgestattet, daß das Interesse des Zuschauers sich eher auf Lomans Charakter konzentriere sowie auf die Frage, inwieweit nicht doch seine sich zur Psychose steigernde Verwirrung letztlich für sein Scheitern ausschlaggebend ist.

Das Urteil von F. N. Mennemeier ist exemplarisch für diejenigen Interpreten, die Millers Gesellschaftskritik vom Ansatz des Stückes her als unbefriedigend und wenig überzeugend empfinden:

„Das Stück ist trotz aller Ausblicke ins Größere, Soziale vorwiegend immer noch beschränktes Charakterdrama ... Einerseits hat man es in Willy Loman mit einem typischen Vertreter des Zeitalters des ‚common man' ... zu tun. Andererseits ist er ein das Krankhafte streifender, untypischer Sonderfall, ein Mensch, der für sein Schicksal und seinen reichlich bizarr anmutenden Tod im wesentlichen selber die Verantwortung trägt. Bei diesem Ansatz ist aber auch eine tiefergehende gesellschaftliche Kritik (etwa im Sinne Brechts) von vornherein zum Scheitern verurteilt."
(F. N. Mennemeier, S. 101/102)

Hier muß man freilich einräumen, daß die Gesellschaftskritik in *DS* wie auch in anderen Dramen Millers zwar als zentrales Anliegen des Autors bezeichnet werden kann, daß aber die eigentliche Wirkung des Stückes nicht von der Darstellung der gesellschaftlichen Verhältnisse, sondern von dem Zusammenbruch Willy Lomans ausgeht. Mitleid, Betroffenheit oder gar die Erschütterung des Zuschauers über Willys Tod werden hervorgerufen angesichts eines Menschen, der sich verzweifelt gegen die Erkenntnis wehrt, daß seine ganze Lebenskonzeption falsch ist und auf Illusionen beruht und der schließlich unter Einsatz seines Lebens versucht, den Zusammenbruch seines Ich, d. h. seiner persönlichen Würde und Integrität, zu verhindern. In diesem Versuch liegt gewissermaßen eine tragische Ironie des Stückes.

Diese tragische Wirkung, die Lomans Tod hervorgerufen hat, führte nicht nur zu den eingangs beschriebenen Reaktionen des damaligen Theaterpublikums; sie veranlaßte auch Literaturkritiker zu kontroversen Stellungnahmen, die sich seither mit dem Problem beschäftigen, ob man trotz vieler Vorbehalte *DS* als moderne Tragödie bezeichnen könne oder nicht.

Millers eigener Versuch, Willy Loman als tragischen Helden zu deuten, hat diese Diskussion geradezu entfacht. 1949, nach der Uraufführung von *DS*, erschien sein Aufsatz *Tragedy and the Common Man*, der einen offensichtlichen Bezug zum Drama aufweist:

"I think the tragic feeling is evoked in us when we are in the presence of a character who is ready to lay down his life, if need be, to secure one thing – his sense of personal dignity. From Orestes to Hamlet, Medea to Macbeth, the underlying struggle is that of the individual attempting to gain his "rightful" position in society.

... the fateful wound from which the inevitable events spiral is the wound indignity, and its dominant force is indignation. Tragedy, then, is the consequence of a man's total compulsion to evaluate himself justly."
(A. Miller, *Tragedy and the Common Man*, p. 4)

Seither ist man in der Sekundärliteratur darüber uneinig, inwieweit das gesellschaftliche Anliegen des Autors den tragischen Elementen des Stückes widerspricht oder Willy Loman gar in seiner tragischen Größe beeinträchtigt. Da die meisten in den Begriffen *soziales Drama* und *Tragödie* unvereinbare Gegensätze sehen, aber dennoch bemüht sind, das Stück einer bestimmten Gattung zuzuordnen, gelangen sie nicht selten zu dem Schluß, daß eine eindeutige Gewichtung zugunsten der Gesellschaftskritik oder der Tragik zu einem besseren Stück geführt hätte:

"In *Death of a Salesman* we find the same emphasis on social forces as the source of tragedy, though the issue here is somewhat confused by Miller's attempt to make of Willy Loman a tragic hero. ... though Willy is as

prominent as a tragic hero in the action, he never achieves heroic stature because of Miller's too strong concern with criticism of his society. The social problem play that would express this criticism leads him to present Willy as a nearly always deluded victim rather than as a sufficiently clear-sighted heroic challenger."
(M. W. Steinberg, pp. 86,87)

Derartige Beiträge zu diesem Gattungsproblem sind inzwischen nahezu unübersehbar und teilweise bis zur Bedeutungslosigkeit abgehandelt worden, ohne daß der Streit einen befriedigenden Abschluß gefunden hätte.

Interpretationsschwerpunkt im Unterricht

Für welche Deutung soll man sich daher bei der Behandlung von *DS* im Unterricht entscheiden? Soll man das Gewicht der Interpretation auf Millers immanente Gesellschaftskritik legen oder Willy Loman eher als tragischen Helden interpretieren? Entscheidet man sich für letzteres, ist es dann tatsächlich sinnvoll, im Unterricht zu erörtern, inwieweit sich in Lomans Selbstmord Freiheit und Notwendigkeit mischen, ob Willy also als tragischer Held, als Verblendeter oder als Opfer der ökonomischen Verhältnisse stirbt? Sollen Schüler untersuchen, ob es Anhaltspunkte gibt, die es erlauben, Willy Loman mit klassischen Helden, wie beispielsweise King Lear (cf. W. Roessle; P. N. Siegel) zu vergleichen? Ist es lohnenswert, und vor allem: ist es möglich, im Englischunterricht erneut das Problem aufzugreifen, ob es in der Moderne überhaupt noch Tragik geben kann, ob ein *common man* Gegenstand einer Tragödie sein kann und welches Maß an Einsicht in sein Handeln er erreichen muß, um als tragischer Held gelten zu können?

Diese und ähnliche Probleme, mit denen sich die Kritik beschäftigt, anzuschneiden und entsprechende kontroverse Stellungnahmen im Klassenzimmer austragen zu wollen, kann weder Aufgabe noch Ziel des Fremdsprachenunterrichts sein. Will man die Schüler nicht überfordern – was sicherlich eine totale Ablehnung dieses Stückes zur Folge hätte – wird man das Drama dahingehend interpretieren müssen, daß man zu Fragen vordringt, die für den Schüler relevant sind und sich möglichst auf seinen eigenen Erfahrungs- und Lebensbereich erstrecken.

Aus derartigen Überlegungen heraus, nicht zuletzt aber wegen der oben erwähnten Aktualisierung von *DS* als „Krisenstück", wird der Schwerpunkt in diesem Unterrichtsmodell auf den gesellschaftskritischen Aspekt des Dramas gelegt. Zwar wird das Problem, ob es sich bei Lomans Tod um ein tragisches Ende handelt oder nicht, indirekt angesprochen (vgl. 14./15. Stunde, 1. Schritt: *Willy's suicide: an absurdity or an attempt at securing his individual integrity?*), doch wird die explizite Frage nach der möglichen Tragik schon aus pragmatischen Gründen vermieden. Denn wollte man dieses Problem behandeln, käme man kaum umhin, zunächst ein theoretisches Fundament für das Wesen des Tragischen zu legen; auch müßte man sich notgedrungen mit Millers eigener Auffassung von Tragödie näher auseinandersetzen, die er, wie oben erwähnt, gerade im Zusammenhang mit *DS* dargelegt hat. Aus diesen theoretischen Schriften aber geht hervor, daß er dem tragisch wirkenden Ende Willy Lomans eine moralisierende, belehrende Aufgabe zuschreibt (vgl. u. a. *Tragedy and the Common Man*, p. 5). Willys Selbstmord – so erschütternd man ihn auch empfinden mag – kommt keine zentrale Bedeutung in diesem Stück zu (vgl. *Notes on Interpretation, Unit 4*), sondern dient Miller lediglich als „willkommenes Vehikel" (R. Lübbren, S. 21), die Mißstände in dieser Gesellschaft aufzudecken und bewußt zu machen. Die abstrakte Diskussion über *entweder* gesellschaftliche Notwendigkeit *oder* persönliche Freiheit bzw. Verantwortlichkeit scheint also letztlich in eine Sackgasse zu führen. Denn wie in der Realität, wo beide Prinzipien wirken und miteinander im Widerstreit liegen, verbindet Miller in seinen Dramen die Kritik an der Gesellschaft immer auch mit einer Kritik am Verhalten des Individuums. In *DS* hat er die besondere Situation Willy Lomans in typisch amerikanischen Verhältnissen verankert und individualpsychologische Aspekte derart mit gesellschaftlichen vereint, daß nicht mehr zu unterscheiden ist, inwieweit die Gesellschaft für das Scheitern des Handlungsreisenden verantwortlich ist und inwieweit Lomans individuelle (charakterliche, geistige und psychische) Defizite ausschlaggebend sind. Miller als modernen Tragödiendichter festzulegen wäre deshalb ebenso falsch wie ihn zum revolutionären Schriftsteller abzustempeln. Es ist für ihn gerade bezeichnend, daß er Gesellschaftskritik und Tragik als mögliche Einheit sieht (vgl. hierzu R. Lübbren, S. 20).

Und dennoch: Wer sich zum Ziel setzt, im Unterricht die Zeit- und Gesellschaftskritik dieses Stückes einsichtig zu machen, sieht sich mit eben jenen Problemen konfrontiert, die dazu geführt haben, daß zahlreiche Kritiker Millers sozialkritischen Ansatz als unbefriedigend empfinden.

Wie also kann man dem Schüler angesichts dieses „Familiendramas" mit seinem dominierenden Vater-Sohn-Konflikt den „Ausblick ins Größere, Soziale" öffnen? Wie kann man ihm verdeutlichen, daß Willy Loman vielleicht ein „das Krankhafte streifender" Charakter ist, der durchaus auch individuelle Verantwortung für seinen Tod trägt; daß er aber andererseits kein „untypischer Sonderfall" ist, da die Normen und Leitbilder, denen er zum Opfer fällt, gesellschaftlich vermittelt sind. Wie soll der Schüler diese Gesellschaft als fragwürdig und unzureichend begreifen, wenn ihre Vertreter im Drama dies nicht eindeutig belegen, wenn sie gar Charakterzüge tragen, die man als sympathisch empfindet und Verhaltensweisen zeigen, die ein Gymnasiast möglicherweise selber verinnerlicht hat?

Die Antwort ergibt sich nur schwer aus dem Stück selbst, da Miller wie bereits erwähnt seine Kritik nur indirekt zum Ausdruck bringt. Sie ist daher abhängig von dem Menschenbild, von dem Verständnis von Autonomie und Würde des Individuums, das der jeweiligen Interpretation zugrunde liegt, so daß man an dieser Stelle gezwungen ist, den Bereich einer rein immanenten Deutung zu verlassen.

Die vermeintliche Ungenauigkeit und Verschwommenheit der Millerschen Gesellschaftskritik ruft zwar Schwierigkeiten bei der Behandlung im Unterricht hervor, erweist sich aber deshalb nicht unbedingt als Schwäche des Stücks. Denn Theaterstücke (ausgenommen Tendenzstücke) stellen nicht einseitig Weltanschauungen dar, sondern spiegeln die vielschichtige soziale Realität. Indem Miller seine Kritik nicht nur gegen die Gesellschaft richtet, sondern ebenso gegen das individuelle Verhalten Willy Lomans, indem er es ferner vermeidet, das Fragwürdige dieser Gesellschaft in Klischees und einfachen Formeln auszudrücken, gelingt es ihm, die Vielschichtigkeit dieser Gesellschaft und der Beziehung ihrer Mitglieder zueinander darzustellen. Auf diese Weise bleibt das Stück für unterschiedliche Auslegungen offen und vermag immer wieder neue Reaktionen zu provozieren.

Zum Abschluß möchte ich noch darauf

hinweisen, daß die Interpretation in den folgenden Einzelstunden immer wieder auf die beiden Arbeiten von P. Goetsch zurückgreift, der m. E. nach die überzeugendsten Arbeitshypothesen zum Millerschen Drama vorgelegt hat.

Beide Beiträge ermöglichen in komprimierter Form einen umfassenden Einblick in die Problematik des Stückes; da ihre Lektüre wärmstens zur Vorbereitung der Unterrichtseinheit empfohlen wird, seien die beiden Aufsätze hier etwas genauer vorgestellt und charakterisiert (bibliographische Angaben im Literaturverzeichnis).

Paul Goetsch: Arthur Millers Zeitkritik in Death of a Salesman (1967)
Ausgehend von der Frage, inwieweit Millers zeit- und sozialkritischer Ansatz noch den politisch links stehenden Dramatikern der dreißiger Jahre, wie beispielsweise Clifford Odets, verpflichtet ist, zeigt Goetsch, daß Miller in *DS* zu einer eigenständigen Deutung gesellschaftlicher Fragen vorgedrungen ist. Anhand einer Analyse der eigenwilligen Form des Dramas verdeutlicht er die Diskrepanz von gesellschaftlicher Wirklichkeit und Ideologie, der Willy Loman ausgesetzt ist; darüber hinaus zeigt er, indem er den Inhalt von Lomans Träumen und Erinnerungen untersucht, daß die Zeitkritik in *DS* keineswegs verworren ist, wie manche Kritiker behaupten, und gelangt zu der Schlußfolgerung, daß Miller mit dem Stück seine Enttäuschung darüber zum Ausdruck bringen wollte, daß Amerika ein für allemal ein Land *after the fall* geworden ist, in dem sich wesentliche Grundgedanken des *American Dream* nicht mehr verwirklichen lassen.

Paul Goetsch: Miller, Death of a Salesman (1974)
In diesem Aufsatz behandelt Goetsch den biographisch-historischen Hintergrund sowie die literarische Tradition des Stücks und beschreibt die enge Beziehung hinsichtlich Stoffwahl und ideologiekritischer Intention zwischen *DS* und anderen Werken der amerikanischen Literatur.

Vor dem Hintergrund dieser literarischen Tradition wird für Goetsch auch die Form des Dramas verständlich: Um den gesellschaftskritischen Aspekt von Lomans fortschreitender Psychose aufdecken zu können, sah Miller sich gezwungen, die eigentlich realistische Kernhandlung, d. h. das „psychologische Familiendrama" um eine historische Dimension (Willys Suche nach Leitbildern) zu erweitern; in der Absicht, die Vorgänge in Willy Lomans Bewußtsein zu veranschaulichen, entwickelte er eine Dramenform, bei der er vorwiegend realistische Stilmittel mit denen des Expressionismus und des epischen Theaters verband.

Aus dieser Ausweitung des psychologischen Familiendramas zum ideologiekritischen Weltanschauungsdrama aber resultiert die teilweise diffuse Wirkung des Stücks. Andererseits sieht Goetsch jedoch den Vorteil dieser Dramenform in der Konsequenz, „mit der sie an der sich zur Psychose steigernden Verwirrung Willy Lomans... jene Krise des amerikanischen Weltbildes verdeutlicht, für die der Autor selbst keine pauschale Lösung anzubieten hat".

Konzeption und Aufbau der Unterrichtseinheit

Dieses Unterrichtsmodell behandelt *DS* vorzugsweise vor dem Hintergrund amerikanischer Landeskunde. Es verfolgt das Ziel – über die literarische Würdigung hinaus – bereits vorhandenes Wissen der Schüler über Geschichte und Gegenwart der Vereinigten Staaten zu ergänzen und zu vertiefen. Dabei soll der Schüler einsehen, daß wesentliche Aspekte des *American Way of Life* bzw. gegenwärtige Spielarten des *American Dream* erst aus der historischen Dimension verständlich werden. Eine Auseinandersetzung mit derartigen Gegenwartsfragen, die sich nicht nur auf das amerikanische Gesellschaftssystem beziehen, sondern m. E. auch auf westeuropäische und bundesdeutsche Verhältnisse übertragbar sind, dürfte dem Sinn und Ziel des heutigen Fremdsprachenunterrichts gerechter werden als die Beschäftigung mit der Frage, ob *DS* eine moderne Tragödie genannt werden kann sowie den damit verbundenen dramentheoretischen Problemen. Auf diese Weise scheint eher gewährleistet zu sein, daß das Interesse des Schülers „an der Beschäftigung mit dem jeweiligen Land, seinen Bewohnern, ihrer Sprache und ihren Lebensbedingungen gestärkt und seine Kontakt- und Verständigungsbereitschaft gefördert [wird]", wie es z. B. der Bildungsplan für das Gymnasium in Baden Württemberg fordert. (vgl. dort, Bd. I, S. 579).

Wie weit der Lehrer es für erforderlich hält, der Behandlung von *DS* eine Unterrichtseinheit über den *American Dream* und seinen historischen Ursprung vorauszuschicken oder bereits vorhandenes Wissen zu reaktivieren, hängt von dem Kenntnisstand der jeweiligen Schülergruppe ab. Empfehlenswerte Textsammlungen sind im Literaturverzeichnis genannt.

Das Unterrichtsmodell setzt nicht voraus, daß die Schüler das Drama vorab gelesen haben – im Gegenteil: Die spezifisch dramatische Form mit ihren Zeitverschiebungen (im folgenden vereinfacht als „Rückblendentechnik" bezeichnet) erschwert dem Schüler erfahrungsgemäß den Zugang zum Verständnis des Dramas. Eine vorherige Lektüre wäre daher nicht nur relativ sinnlos, da der Schüler kaum in der Lage ist, die Handlungszusammenhänge richtig zu erfassen, sie würde vermutlich auch seine anfängliche Motivation von vornherein dämpfen und u. U. dazu führen, daß er aus Mangel an Verständnis das Drama voreilig als langweilig und uninteressant abqualifiziert. Aus dieser Überlegung ergibt sich das methodische Vorgehen: Das Drama wird bis zum Ende des 1. Aktes chronologisch-sukzessiv behandelt, bis die Schüler mit der Technik der Zeitverschiebungen vertraut sind und man erwarten kann, daß sie den weiteren Handlungsverlauf (2. Akt) selbständig erarbeiten. Erst dann wird diese chronologisch ausgerichtete Lektüre und Interpretation abgelöst durch ein methodisches Vorgehen, das sich vorwiegend an thematisch übergeordneten Gesichtspunkten orientiert (vgl. *Unit 4*, Didaktische Vorbemerkungen zur 7.–9. Stunde). Lediglich die sprachliche Vorbereitung der einleitenden *stage directions* (pp. 5/6) ist als häusliche Vorbereitung zur 1./2. Stunde zu empfehlen, damit das methodische Verfahren der Schritte 1–4 gewährleistet ist und nicht durch sprachliche Verständnisschwierigkeiten beeinträchtigt wird.

Wie aus der Graphik auf S. 17 hervorgeht, setzt sich die Unterrichtseinheit aus 6 thematischen Schwerpunkten zusammen, sogenannten *Units*, die ihrerseits wieder in 1–3 Einzelstunden unterteilt sind. Die *Units 1–4* verfolgen das Ziel, die Lektüre des gesamten Textes in möglichst kurzer Zeit zu bewältigen und dem Schüler einen vorläufigen Überblick über den Drameninhalt zu vermitteln. Abgesehen von notwendigen Voraussetzungen zur Einführung in das Drama, enthält *Unit 1* die Darstellung der *Loman Family*, die in der folgenden *Unit* auf das zentrale Vater-Sohn-Verhältnis eingegrenzt wird (*Unit 2: The father-son-relationship*).

Beide *Units* haben expositorischen Charakter, da sie die Ausgangssituation umreißen und den Leser/Zuschauer in die Problematik einführen.

Obgleich schon zu Beginn des Dramas bei der Darstellung der Vater-Sohn-Beziehung (*Unit 2*) eine erste Zeitverschiebung erfolgt, kann man sagen, daß die Dramenhandlung sich anfangs hauptsächlich auf der Ebene der Gegenwart vollzieht und Miller Willy Loman aus einer überwiegend „objektiven" Perspektive darstellt. Die zwei folgenden *Units 3* und *4* dagegen charakterisieren Loman eher aus dessen „subjektiver" Perspektive (*objektiv* und *subjektiv* werden hier im Sinn der Interpretation von *Unit 3* verwendet; cf. 6. Stunde, 2. Schritt: *Point of view in DS*). Sie zeigen, daß Loman der objektiven Gegenwart nicht mehr standhalten kann (*Unit 3: Willy's escape into the past*) und allmählich immer mehr unter den Einfluß der Vergangenheit gerät. Seinen von daher unvermeidlichen Weg in die Katastrophe, der schließlich mit seinem Selbstmord endet, verfolgen wir in *Unit 4* (*The impact of the past*).

Die Arbeit in den nächsten beiden *Units* besteht darin, Willy Loman zu charakterisieren und zu untersuchen, inwieweit einerseits seine individuelle Persönlichkeitsstruktur und andererseits das gesellschaftliche Umfeld dafür verantwortlich sind, daß Loman an der Realität scheitert.

Eine Analyse seiner Vorbilder (*Willy's models and ideals in life*) zeigt, daß diese im *American Dream* verwurzelt sind. Sie läßt darüber hinaus Lomans mangelnde Identität sichtbar werden: Denn auf die Frage, inwieweit diese Ideale eigentlich noch zeitgemäß sind, wird ersichtlich, daß Loman nicht in der Lage ist, seine Vorstellungen von Erfolg sowie seine Persönlichkeitskonzeption als überholt und realitätsfern zu erkennen (*Unit 5: Willy's lack of identity*). Und fragen wir weiter, was aber dann zeitgemäß ist, gelangen wir zum letzten Schwerpunkt, zur Betrachtung der Gesellschaft in *DS* sowie der Kritik des Autors, die sich an der Realität dieser Gesellschaft und ihren ideologischen Vorstellungen entzündet (*Unit 6: Social criticism in DS*).

AV-Medien

Zwei Audiokassetten zu *DS* (Caedmon A 310), gesprochen von Lee J. Cobb und Mildred Dunnock, sind über die Amerikahäuser zu beziehen.

Bereits erwähnt wurde die jüngste Neuverfilmung von Volker Schlöndorff. Nicht nur weil A. Miller selbst versucht hat, eigene Vorstellungen in die Inszenierung einzubringen, kann dieser Film als sehenswert bezeichnet werden, sondern auch wegen der großartigen schauspielerischen Leistungen von Dustin Hoffman als Willy und Kate Reid als Linda, und nicht zuletzt, weil es Schlöndorf gelungen ist, *DS* in einen Film umzusetzen, der wesentliche Merkmale des ursprünglichen Bühnenstücks erkennen läßt.

Übersicht über die Unterrichtseinheit (1)

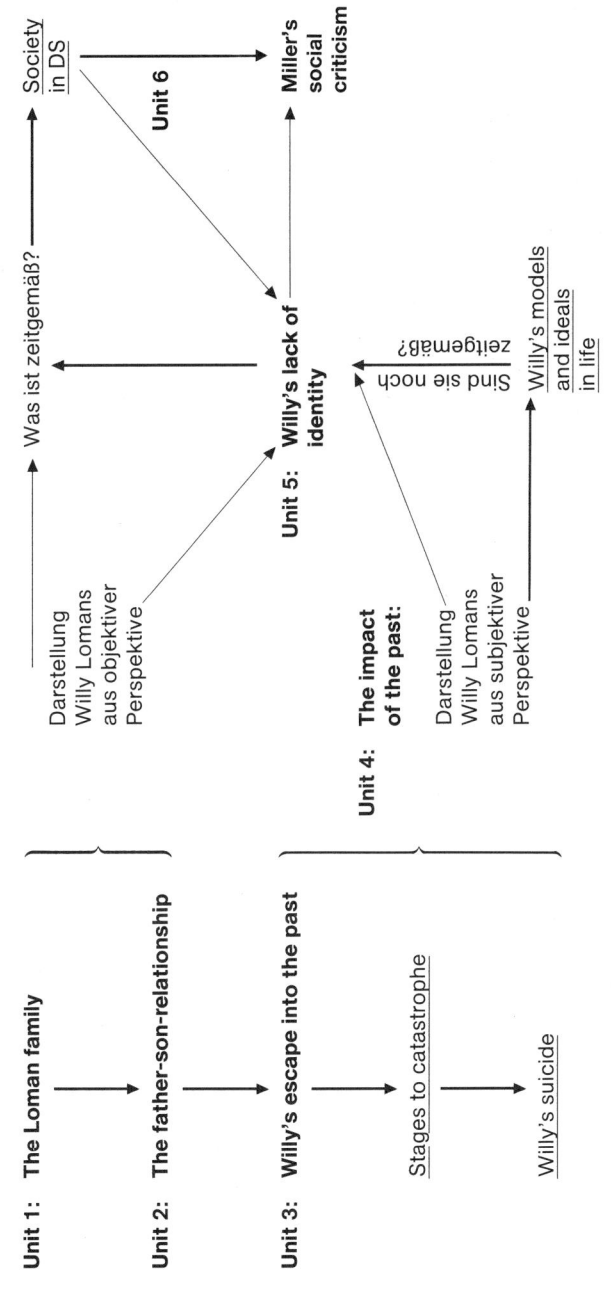

„Das Angebot von Miller und Hoffman kam überraschend. Ich wollte ablehnen, denn dieses typischste Stück Amerikas braucht doch einen amerikanischen Regisseur. ‚Gerade nicht‘, war die Antwort, ‚uns interessiert der Blick von außen‘.
...
Ein Theaterstück im Film, wie kann man das machen? Alles umschreiben, nach Brooklyn fahren und an Originalschauplätzen drehen? Ich habe mich für *Theater im Film* entschieden. Wir haben Willy Lomans Welt im Atelier aufgebaut, deutlich als Kulisse erkennbar, aber nicht für eine Bühne entworfen, sondern für die Kamera."
(Volker Schlöndorff zur Entstehung des Projekts, zitiert nach: *Neuer Filmkurier*, Mai 1986, Wien)

Es ist zu erwarten, daß diese Verfilmung in Kürze in Videoshops und über Landesbildstellen erhältlich und damit bei Bedarf auch für den Unterricht verfügbar sein wird.

Übersicht über die Unterrichtseinheit (2)

Unit 1	The Loman Family	

1./2. Stunde		The opening of the play / The Loman family at the outset
Text		Einzelthemen
		The stage directions – a comparison between DS and Hamlet
p. 5, 1–28		The stage set in DS
		The atmosphere of the play
p. 5, 29 – p. 6		The function of an introductory scene
		The opening scene in DS
pp. 6–11 pp. 11–17		The Loman family at the outset

Unit 2	The father-son-relationship	

3./4. Stunde		Conflicts and problems in the father-son-relationship
Text		Einzelthemen
pp. 18–28		The Loman family in the past
		The uniformity of their ideals
		The relationship between Willy and Linda in the past
		The relationship between Willy and his sons in the present
		Reasons of the father-son-conflict

Unit 3	Willy's escape into the past	

5. Stunde		Timeshifts in DS
Text		Einzelthemen
pp. 27–29		Reasons for Willy's escape into the past
pp. 17–19 p. 28		The preparations of the timeshifts

6. Stunde		The function of the timeshifts
	Text	Einzelthemen
	pp. 28–32	The second timeshift: simultaneity of past and present action
		Point of view in DS
	pp. 32–36	The second timeshift continued

| **Unit 4** | **The impact of the past** | |

7. Stunde		The catastrophe foreshadowed
	Text	Einzelthemen
	pp. 36–43 pp. 44–49	The Loman family (continued)
		The inevitability of Loman's death

8./9. Stunde		Loman's road to catastrophe
	Text	Einzelthemen
	pp. 50–100	The stages leading up to Loman's unavoidable catastrophe
		The function of the dramatized past in DS
		The analytical form in DS (fakultativ)

| **Unit 5** | **Willy's lack of identity** | |

10. Stunde		Who was Willy Loman?
	Text	Einzelthemen
	The Requiem pp. 101–103	Reactions towards Willy's suicide
		Willy's dreams and ideals
		Sources of Willy's dreams and ideals

11./12. Stunde		Willy's models in life – a survey
Text		Einzelthemen
	pp. 34; 57 pp. 57; 58 pp. 31–36 91–98	Willy's father, D. Singleman, Ben: representatives of Willy's ideals
		Willy's models as representatives of American ideals (fakultativ)
		Individual reasons for Willy's failure
		The inadequacy of Willy's models (summary)

Unit 6   Social criticism in DS

13. Stunde		Society in DS
Text		Einzelthemen
	pp. 54–60 pp. 64–71	The minor characters as representatives of modern society

14./15. Stunde		Willy Loman between myth and reality
Text		Einzelthemen
		Willy's suicide: an absurdity or an attempt at securing his individual integrity?
	Auszüge aus der Sekundärliteratur	Individual or social reasons for Willy's failure? – A critical evaluation of the play.
		The failure of the American Dream
		The inadequacy of modern society

alternativ

14. Stunde		Willy Loman between myth and reality (A)
Text		Einzelthemen
		Social reasons for Willy's failure
		The inadequacy of modern society
		The American Dream
		Critical evaluation

Darstellung der Einzelstunden

Unit 1
The Loman Family

1./2. Stunde:
The Opening of the Play / The Loman Family at the Outset

Didaktische Vorbemerkungen

Als Leser eines Dramentextes sollten sich die Schüler bewußt werden, daß der Autor sein Stück nicht geschrieben hat, damit es gelesen, sondern, damit es gesprochen und auf der Bühne dargestellt wird. Denn nicht allein das gesprochene Wort, auch seine Darbietung durch die Schauspieler, ihre Mimik, ihre Kostüme, Licht- und Farbeffekte, Musik, Geräusche und nicht zuletzt das Bühnenbild selbst ergeben zusammengenommen erst den eigentlich dramatischen Effekt und die Atmosphäre eines Stückes. Während der Zuschauer *sieht* und *hört*, was auf der Bühne vor sich geht, muß der Leser das Bühnengeschehen und die jeweilige Atmosphäre durch seine eigene Vorstellungskraft erst lebendig werden lassen. Eine intensive Beschäftigung mit den Regieanweisungen ist dabei notwendig, verschafft ihm aber andererseits auch den Vorteil, von der jeweiligen Theaterproduktion oder bestimmten Schauspielern unabhängig zu sein. Er ist jederzeit in der Lage, nach Belieben im Text vor- oder zurückzublättern, Textstellen wiederholt zu lesen und dadurch die mögliche Intention des Autors unmittelbarer zu erfassen und ihr schließlich „näher" zu sein als im Theater.

Da ferner in *DS* – anders als etwa im klassischen Drama – nichtverbalen Elementen eine besonders Bedeutung zukommt, die zwar dem Theaterzuschauer kaum, jedoch einem nur oberflächlich lesenden Schüler leicht entgehen kann, soll von Anfang an verdeutlicht werden, daß dem Text und den Regieanweisungen gleichermaßen Aufmerksamkeit gewidmet werden muß.

Daher wurde ein Vergleich zwischen *DS* und einem klassischen Drama (1. Schritt) sowie die intensive Beschäftigung mit den einleitenden Regieanweisungen (pp. 5/6) als Einstieg in das Drama gewählt (2./3. Schritt). Dem Schüler sollen die genannten Unterschiede bewußt gemacht werden, um ihn weitgehend dazu anzuhalten, sich die „Vorteile" des gelesenen Textes zu eigen zu machen. Er soll möglichst frühzeitig die Bedeutung dieses „Nebentextes" erfassen, der ihm u. a. wesentliche Orientierungshilfen gibt, das Bühnengeschehen räumlich und zeitlich einzuordnen, und die jeweiligen Personen über die Dialoge hinaus charakterisiert. Ausgehend von allgemeinen Überlegungen, welche Aufgaben die Einleitungsszene eines Dramas zu erfüllen hat (4. Schritt), wird schließlich im 5. Schritt der Blick auf den Dramentext selbst gelenkt. Der Beginn des Stückes, das Gespräch zwischen Willy und Linda (pp. 6–11) und der folgende Dialog zwischen Happy und Biff (pp. 11–17), bildet gewissermaßen eine szenische Einheit, die dem Zuschauer notwendige Informationen über die Vorgeschichte sowie einen ersten Blick in die Konfliktsituation vermittelt.

Somit gliedert sich *Unit 1* in zwei Hauptteile, die sich in 2 Unterrichtsstunden behandeln lassen:

1. Die Behandlung der Regieanweisungen und ihre Bedeutung sowie die des Bühnenbilds (1.–3. Schritt)

2. *The Loman Family*, d. h. die Erarbeitung der Einleitungsszene bzw. des ersten Zeitabschnitts (5. und 6. Schritt), wobei dieser Teil seinerseits unterteilt werden kann in die Textstellen
   a) pp. 6–11 (Willy und Linda)
   b) pp. 11–17 (Happy und Biff).

Da dem 4. Schritt (*The function of the introductory scene*) eine überleitende Funktion zukommt, kann er zeitlich sowohl im Zusammenhang mit dem 1. Hauptteil (1. Stunde) behandelt werden als auch den Beginn der 2. Stunde bilden. Von Vorteil wäre eine Doppelstunde für die Einführung in das Stück.

Notes on Interpretation

In traditional, age-old Broadway style Miller uses all the stage techniques the theatre has at its disposal. He employs them in various ways to express his artistic ideas. So the stage set denotes not only the scene of the action, but also creates a particular atmosphere and, moreover, is a symbolic expression of the threat from the environment. The Lomans' small, fragile-seeming home is surrounded by angular, solid apartment houses, whose sharp outlines indicate the alarming closeness of the hostile environment. The play of colours of *the blue light of the sky* and of *an angry glow of orange* strengthens this impression.

As in a conventional drama we only meet the hero shortly before his death. This imminent death – already indicated beforehand in the title itself – is perceptible right at the very beginning of the drama: the salesman Willy Loman returns unexpectedly in the middle of the night from a business trip; he is physically as well as mentally exhausted, "tired to the death", as he himself says (p. 6). He also feels that he is no longer in control of himself, which is shown in his inability to keep his mind on his driving ("all of a sudden I'm going off the road"), in the fact that his mind is playing tricks (e. g. he thinks he is driving with the windshield open although it doesn't open on his new car), and in comments such as "I just couldn't make it, Linda" (p. 6) or "I've such strange thoughts" (p. 7). On further reading this impression is reinforced. When talking to his wife Linda he shows himself to be touchy, quicktempered and irritable (e. g. "Why do you get American [cheese] when I like Swiss? ... I don't want a change! I want Swiss cheese. Why am I always being contradicted?", p. 9), and his own comments sometimes reveal contradictions. For example, he says about his son Biff: "The trouble is he's lazy, goddammit!", whereas shortly afterwards he remarks "... and such a hard worker. There's one thing about Biff – he's not lazy" (p. 9).

Moreover, Willy's mental condition is revealed in the feeling of claustrophobia he has, triggered off by the neighbouring apartment houses (for example, he thinks the windows are all shut when they aren't). So he talks nostalgically of the time when the neighbourhood was less built-up and when there were more trees around.

Therefore, insofar as the opening of the play familiarizes the audience with the main characters, the setting and the problems presented in the play, Miller fulfills the requirements of a traditional drama. Yet, in DS, that which has occured before the action of the play begins – necessary for an understanding of the play – is not expounded in a condensed, easily delimitable exposition. It is only gradually revealed in the course of the drama, so that this gradual disclosure of information forms at the same time the very crux of the happening or the main plot of the play. (cf. definition of an analytical drama, Didaktische Vorbemerkungen zur 7.–9. Stunde)

This main plot, at the centre of which is the Loman family, stems from the conflict between Willy Loman and his sons, especially between Willy and his son Biff.

Like their father, both sons have problems with their work, and although already over 30 years old Biff is still without a permanent job and without a steady income. The fact that he has been on the move for ten years now, taking up jobs as a casual worker, evidently provides the impetus for the conflict between father and son. Whereas Linda still defends their son ("I think if he finds himself ..." p. 8), Willy still has his doubts ("How can he find himself on a farm? ..." p. 8) and reaches the conclusion that "Not finding yourself at the age of 34 is a disgrace! ... Biff is a lazy bum." (p. 9) This angers Willy all the more since, in his opinion, Biff has the necessary qualities of a successful salesman ("... a young man with such – personal attractiveness ..." p. 9). However, while he expresses his displeasure, he at the same time displays true affection for his son as well as hope and confidence in the latter's future success. "I'll get him a job selling. He could be big in no time." (p. 9)

His confidence based on Biff's popularity at highschool makes him draw parallels to even Thomas Edison and B. F. Goodrich. "Certain men just don't get started till later in life. Like Thomas Edison, I think. Or B. F. Goodrich." (p. 10)

On the following pages (pp. 11–17) our interest is directed towards the two boys. Here too the stage directions provide important information for the understanding of the play. They refer to the same difficulties as the previous section. Both brothers are portrayed as "lost". Whereas at least Happy is described as "seemingly more content", Biff appears to be "less self-assured" and even "worn". Both appear to be physically extremely attractive; Happy exudes sexual attraction.

This short characterization is expanded upon in the ensuing dialogue. The motif of the father-son-conflict which we have already come across is continued, but now from the sons' point of view.

In the course of this dialogue it becomes clear that the father-son-conflict is not so much between Happy and Willy, but rather between Biff and Willy. Both sons are anxious about their father's condition, but whereas Happy concerns himself primarily with memories of his sexual exploits, Biff seems much more interested in his relationship with his father. "I can't get near him" (p. 13), Biff complains to his brother, who explains the reason for Biff's inability to relate to his father: "Most of the time he is talking to you ... I think the fact that you're not settled, that you're still kind of up in the air ..." (p. 13). This remark confirms Willy's feeling of discontent as expressed earlier: "How can he find himself on a farm? Is that a life? ... Not finding yourself at the age of thirty-four is a disgrace!" (pp. 8,9)

Indeed, we then hear from Biff himself that he has drifted around the country as a casual worker. Driven by a feeling of restlessness, constantly in search of a true raison d'être, he still has not yet been able to come to terms with a settled life. Basically, he too sees this search for a raison d'être as futile and feels that he should somehow settle down. "What the hell am I doing ... and I don't know what to do with myself. ... all I've done is to waste my life." (p. 14) After Biff has said this Happy characterizes him as a "poet" and an "idealist", yet for anybody who has been paying close attention to the play, it becomes apparent that at the very outset of the play Biff – just like Willy – has reached a critical point in his life. His homecoming – just like the unexpected return of his father – also indicates that the situation as it stands will now begin to hot up.

Happy, too, has similar identity problems. "He, like his brother, is lost", the stage directions tell us, "but in a different way, for he has never allowed himself to turn his face toward defeat . . ." (p. 11). He is proud of his many experiences with women. Also, unlike his brother, he has achieved relative material success. ". . . it's what I always wanted. My own apartment, a car, and plenty of women . . ." (p. 15). Nevertheless he sees himself suffering from a feeling of emptiness and loneliness. "Sometimes I sit in my apartment – all alone . . . And still, goddammit, I'm lonely." (pp. 14, 15). He tries, in vain, to compensate for the meaningless of his life by his success in the sexual sphere. As far as his mediocrity at work is concerned, he leads himself to believe that he is basically better than the others, and is able to be more successful than them. "I mean I can outbox, outrun, and outlift anybody in that store . . ." (p. 15).

Therefore Biff's suggestion "to go out West [and] buy a ranch" seems to promise a new life as well as to guarantee success. They hope to get the money they need to be able to buy this ranch in the first place from Bill Oliver. They hope for his financial support, although it becomes clear that Biff left Bill Oliver's company because of a theft many years ago.

Unterrichtsverlauf

1. Schritt:
The stage directions – a comparison between Death of a Salesman and Hamlet

Um den Schülern auf einprägsame Weise die Bedeutung der *stage directions* im modernen Drama zu verdeutlichen, stellen wir ihnen die eines klassischen Dramas gegenüber (Hausaufgabe zur 1. Stunde vgl. S. 15). Die erste Seite eines bekannten Shakespearedramas, etwa *Hamlet* oder *Macbeth*, wird für die Klasse vervielfältigt (wenig aufwendig ist eine Thermofolie). Der Lehrer liest die *stage directions* und den Beginn der Handlung vor und fordert die Schüler auf, zunächst die Gemeinsamkeiten, dann aber die wesentlichen Unterschiede hervorzuheben. Dabei läßt sich mühelos der Begriff *setting* einführen, sollte er den Schülern noch nicht geläufig sein. Nach der Aufstellung der *dramatis personae* benennen beide Dramatiker den Ort der Handlung. Zu Beginn des *Hamlet* heißt es kurz: *The Scene: Denmark. Scene II: Elsinore. The guard-platform of the Castle. Francisco at his post. Enter to him Bernardo.* Dann beginnt die Handlung.

Auch Miller faßt sich zunächst entsprechend kurz:
Scene: The action takes place in Willy Loman's house and yard and in various places he visits in the New York and Boston of today. Dann jedoch gibt er eine detaillierte Beschreibung des gesamten Bühnenbildes, die sich teilweise der unmittelbaren Darstellungsmöglichkeit entzieht, wenn es beispielsweise heißt:
A melody is heard . . . telling of grass and trees and the horizon.
Oder an anderer Stelle: *An air of dream clings to the place, a dream rising out of reality.* (p. 5)

2. Schritt:
The stage set in DS

Damit die Schüler eine konkrete Vorstellung des Bühnenbilds erhalten, sollte man die Bühne beschreiben lassen. Zu diesem Zweck werden die einleitenden Regieanweisungen bis Zeile 28 (... *stepping "through" a wall onto a forestage*) gemeinsam gelesen. Zweifellos wird es die Vorstellungskraft fördern, wenn man lektürebegleitend eine grobe Skizze des Bühnenbilds entwerfen läßt. Je nach Fähigkeit könnten dies auch ein oder mehrere Schüler an der Tafel versuchen. Auch das Textverständnis läßt sich auf diese Weise überprüfen und sichern.

Hervorzuheben wäre in erster Linie *the small, fragile-seeming home* der Lomans in der bedrohlichen Umgebung des *solid vault of apartment houses*, die Unterteilung des Bühnenraums sowie die *imaginary wall-lines* (eventuell durch gestrichelte Linie), da diese bereits einen Hinweis auf die zu erwartenden Raum- und Zeitverschiebungen sowie auf den Gegensatz von *dream* und *reality* geben.

3. Schritt:
The atmosphere of the play

Jetzt kann das Erarbeiten der Unterschiede zwischen den Regieanweisungen zum Shakespearedrama und *DS* fortgeführt werden.

Die Frage *Imagine you were a stage director ...* gibt einen erneuten Impuls, auf den die zu erwartenden Schüleräußerungen unterschiedlich ausfallen können: Da Shakespeare nur spärliche Anweisungen erteilt, ließe sich argumentieren, daß dem jeweiligen Produzenten genügend Spielraum bleibt, eigene Ideen zu entfalten, während Millers präzise Hinweise ihn bei seiner Aufgabe einengen. Andererseits stellen sie ihn vor das Problem, bereits erwähnte Regieanweisungen wie *an air of dream clings to the place ...* dem Zuschauer nahezubringen. Gerade hierin aber wird sich der unterschiedliche Charakter der Regieanweisungen zeigen, so daß bei entsprechender Schüleraktivität die Frage *Which stage direction would you find difficult to put on stage?*, vielleicht sogar die anschließende Frage nach den Gründen überflüssig wird.

Auf jeden Fall sollte der Schüler schließlich erkennen, daß den Regieanweisungen in *DS* eine größere Bedeutung zukommt als etwa in einem klassischen Shakespearedrama, da dieser „Nebentext" wichtige inhaltliche Aussagen liefert. Er soll erkennen, daß der gesamte Bühnenraum, die Requisiten und alle anderen außersprachlichen Mittel eine bestimmte Atmosphäre erzeugen, die beim bloßen Lesen des Textes nur bedingt erfaßt werden kann; der Leser ist hier allein auf seine Vorstellungskraft angewiesen, während eine Theateraufführung die Sinne unmittelbar anspricht.

Soweit die Unterschiede zwischen dem gelesenen Dramentext und der Aufführung erarbeitet worden sind, sollen sie fortlaufend an der Tafel festgehalten werden (vgl. TA).

Um einen möglichst umfangreichen Katalog zu erstellen, sollten auch Beiträge akzeptiert werden, die die Schüler aus anderen Dramen anführen.

4. Schritt:
The function of the introductory scene

Danach wenden wir uns dem Rest der Regieanweisungen zu (p. 5,29–p. 6), die ebenfalls laut gelesen werden sollen. Aussagen wie

Linda has developed an iron repression of her exceptions to Willy's behavior – she more than loves him, [...] but lacks the temperament to utter and follow to their end.

lassen sich auf der Bühne nicht unmittelbar darstellen. Dadurch wird nochmals deutlich, daß diese Hinweise Bestandteil des Dramentextes sind, den man mit gleicher Aufmerksamkeit lesen muß wie die folgenden Dialoge. Da wir festgestellt haben, daß die Charakterisierung, die der Autor in seinen Regieanweisungen abgibt, auf direktem Wege nur dem Leser, nicht aber dem Zuschauer zugänglich ist, können wir davon ausgehen, daß Miller sie anschließend durch den Dialog auch dem Zuschauer vermitteln wird. Aus dieser Überlegung ergibt sich die abschließende Leitfrage *So when the play actually opens what can we expect him to do during the opening scene?* Zweifellos ist es an dieser Stelle förderlich, wenn die Schüler bereits über Kenntnisse aus anderen Dramen verfügen; man sollte sie daher ermuntern, ihr Wissen, etwa aus dem Deutschunterricht, vorzutragen.

Die Aufgaben, die die Einleitungsszene eines Dramas zu erfüllen hat, werden an der Tafel festgehalten.

5. Schritt:
The opening scene in DS

Im folgenden Schritt wird dieser Gedanke unmittelbar fortgeführt. Der soeben erstellte Katalog an Forderungen, die eine Einleitungsszene erfüllen sollte, wird jetzt am Text überprüft.
Daraus ergibt sich der TA wie folgt:
Auf der linken Seite stehen die allgemeinen Aussagen, wie sie im vorhergehenden Schritt getroffen wurden (Pkt. 1–3); auf der rechten Seite der konkrete Bezug zu *DS*.

6. Schritt:
The Loman Family at the outset

Nunmehr können die Hauptcharaktere in der Reihenfolge ihres Auftritts behandelt werden, zunächst Willy und Linda, dann die Söhne.

Die Seiten 6–11 sollten mit verteilten Rollen gelesen werden. Empfehlenswert ist der Einsatz eines Tonträgers (vgl. S. 16), da er die bereits erwähnten „Defizite" gegenüber einer Theateraufführung zumindest teilweise ausgleichen kann: Die Flötenmusik, das Zuschlagen der Haustür, Willys Seufzer der Erschöpfung, Lindas erregte Besorgnis, das alles ist als akustische Untermalung dazu angetan, gute Voraussetzungen für eine zügige Interpretation zu schaffen. Der Schüler wird auf die Konfliktsituation eingestimmt, seine Motivation erhöht, und er hat schließlich dadurch die Gelegenheit, den Inhalt nochmals zu rekapitulieren.

Anschließend werden der Textstelle erste Informationen über Willy und dann über Linda entnommen und in einer tabellarischen Übersicht festgehalten (vgl. TA/Folie *The Loman Family*, Abschnitt *Willy/Linda*).

Was die Beschreibung Willys angeht, so sollte der Lehrer unbedingt darauf achten, daß Willys physische und geistige Erschöpfung sowie der anklingende Konflikt mit Biff dem Schüler von Anfang an deutlich werden. Durch die Frage *Does the air of dream ... become apparent in the opening scene?* wird schon so früh wie möglich das zentrale Motiv der Illusion und Traumwelt angeschnitten.

Ebenfalls nach der *close reading*-Methode wird der Informationskatalog über Biff und Happy (Text: pp. 11–17) erstellt. Die Leitfragen gleichen z. T. denen des ersten Teilschrittes, sollten aber bereits frühzeitig auf die besondere Stellung Biffs hinweisen (vgl. TA/Folie *The Loman Family*).

Hausaufgabe

Beide Teile, sowohl der mündliche als auch der schriftliche, dienen der inhaltlichen und sprachlichen Vorbereitung der nächsten Zeitsequenz, d. h. der ersten Rückblende in die Vergangenheit (pp. 18–28). Der schriftliche Teil der Hausaufgabe soll die neuen Informationen von vornherein kanalisieren, um in der folgenden Stunde den Kontrast (*Present – Past*) in der Vater-Sohn-Beziehung um so rascher erarbeiten zu können. Ob diese Beschreibung der *Loman Family in the Past* den Schülern nun Gelegenheit bieten soll, sich in eigener, freier Textproduktion zu üben oder ob man sich mit einer Auflistung von *key sentences* begnügen will, bleibt dem einzelnen Lehrer überlassen.

Ferner sollte man die Bedeutung des Bühnenbilds und der *stage directions* für die weitere Unterrichtsplanung im Auge behalten. Zu diesem Zweck wird ein „Spezialist" ernannt, der die Skizze des Bühnenbilds von der Tafel auf drei getrennte Folien überträgt. Die eine Folie stellt das Haus mit Vorbühne und Orchester dar, eine weitere die Silhouette der Apartmenthäuser in ihrem *angry glow of orange* und eine dritte Folie die grünen Blätter. (Die Blätter werden allerdings in den Regieanweisungen von S. 5/6 noch nicht erwähnt, so daß der betreffende Schüler sie auf besonderen Hinweis des Lehrers malen muß). Später können diese Folien wieder herangezogen werden, um die Erarbeitung der Rückblendentechnik visuell zu unterstützen (vgl. 5. Stunde, 2. Schritt).

Unit 2
The Father-Son-Relationship

3./4. Stunde:
Conflicts and Problems in the Father-Son-Relationship

Didaktische Vorbemerkungen

Nach den ersten zwei Stunden kennen die Schüler die kritische Situation, in der Loman sich befindet, und sind sowohl mit seinen persönlichen Problemen als auch mit denen der Söhne vertraut. Sie wissen ferner, daß eben diese Probleme, wie z. B. Biffs Ziellosigkeit, zumindest teilweise für das gespannte Verhältnis zwischen Vater und Sohn verantwortlich sind und sind neugierig darauf, wie diese Ausgangssituation sich weiter entwickeln wird.

Doch hier lenkt Miller die Aufmerksamkeit des Zuschauers zunächst auf vergangenes Geschehen. Diese „Rückblende" (pp. 18–28), in deren Mittelpunkt die Vater-Sohn-Beziehung steht, wird in den folgenden beiden Stunden erarbeitet. Indem sie die Vater-Sohn-Beziehung in der Vergangenheit beleuchtet und zeigt, nach welchen Vorstellungen Loman damals sein Leben ausrichtete, wie diese ihn bei der Erziehung seiner Söhne leiteten und er sie auf seine Söhne zu übertragen versuchte, liefert diese Rückblende gleichsam einen Kommentar, der die in *Unit 1* erarbeitete Ausgangssituation nachträglich näher erläutert. Daher sollen die Schüler zunächst das Vater-Sohn-Verhältnis der Vergangenheit beschreiben und in einer vergleichenden Gegenüberstellung mit der Gegenwart erläutern, inwiefern sich die damalige Beziehung von der heutigen unterscheidet. (1. Schritt: *The Loman family in the past*).

Sowohl diese Gegenüberstellung als auch

die anschließende Analyse der ehemals noch gemeinsamen Wertvorstellungen (2. Schritt: *The uniformity of their ideals*) soll ihnen dazu verhelfen, Loman in seiner Rolle als Vater kritisch zu bewerten. Denn aus den Fehlern, die er schon damals machte, aus seiner fragwürdigen Lebensanschauung und seinen zweifelhaften Erziehungsprinzipien können die Schüler entnehmen, daß die Entwicklung, die sowohl Loman selbst als auch Happy und Biff genommen haben, im Grunde absehbar, wenn nicht zwangsläufig war. Ein weiterer Blick auf sein Verhältnis zu Linda bekräftigt diesen Eindruck (3. Schritt: *The relationship between Willy and Linda in the past*). Er zeigt, daß die Vergangenheit sich genau genommen kaum von der in *Unit 1* beschriebenen Gegenwart unterscheidet, daß vielmehr persönliche Konflikte und finanzielle Probleme schon damals existierten.

Mit dem 4. Schritt (*The relationship between Willy and his sons in the present*) bewegt sich unsere Interpretation erneut in der Gegenwart, so daß wir wieder unmittelbar an das Ergebnis von *Unit 1* anknüpfen können. Von daher rundet dieser Unterrichtsschritt das Thema der Vater-Sohn-Beziehung ab und ermöglicht zusätzlich eine ausreichende Basis, um über das vordergründige Textverständnis hinaus nach den Ursachen für dieses konfliktreiche Vater-Sohn-Verhältnis zu fragen (5. Schritt: *Reasons of the father-son-conflict*).

Dieser Vater-Sohn-Konflikt ist von großer Bedeutung. Da sich später an diesem Konflikt ausführlich zeigen läßt, wie verhängnisvoll Lomans falsche Ideale und Träume sind, bildet er die Grundlage für die weitere Interpretation. Denn den Schülern soll im Verlauf des Dramas verdeutlicht werden, daß Willy im Gegensatz zu Biff unfähig ist, seine Träume als falsch zu erkennen und sich von ihnen zu lösen. Durch sein starres Festhalten an diesen falschen Träumen entzündet sich aber der Konflikt mit Biff, der seinerseits wieder dazu beiträgt, die Ausweglosigkeit zu verschärfen und schließlich zu Lomans totaler Verblendung führt. Da also die Vater-Sohn-Beziehung im Kern schon alle Aspekte enthält, die für die weitere Interpretation relevant sind, sollte man sie in möglichst genauer Texterschließung (*close reading*) erarbeiten.

Die Technik dieser Rückblende bleibt vorläufig unberücksichtigt, um die inhaltliche Zielsetzung dieser beiden Stunden nicht zu gefährden, so daß bei genauer Vorbereitung der Seiten 18–28 eine Doppelstunde ausreichend erscheint. (Im Falle von Einzelstunden wäre eine zeitliche Zäsur entweder zwischen dem 2. und 3. oder zwischen dem 3. und 4. Unterrichtsschritt möglich).

Vom methodischen Ablauf her basieren die zwei Stunden durchgehend auf einem fragend-entwickelnden Unterrichtsgespräch, im Verlauf dessen der Tafelanschrieb *Father-Son-Relationship* erstellt wird, da er den Schülern durch die vereinfachte Schematisierung den Überblick erleichtert und nicht zuletzt das Interpretationsergebnis sichert.

Am Ende dieser *Unit* soll Lomans Verzweiflung und Hoffnungslosigkeit angesichts seiner gegenwärtigen Lage deutlich werden. Denn seine Reaktion, d. h. seine Flucht vor dieser ausweglosen Gegenwart leitet unmittelbar über zu *Unit 3* (*Willy's escape into the past*), insofern als sie die Notwendigkeit für die spezifische Behandlung der Zeit in *DS* begründet.

Notes on Interpretation

The audience is made aware of the central father-son-conflict, which forms the basis of this unit, by a comparison of the present and the past, thereby contrasting the two.

The sequence from the past on pages 18–28 shows clearly the harmony of the Lomans' family life and portrays Willy as a loving family man. This scene from the past is dominated by an underlying current of optimism sustained by Loman's hope in his future prestige and material success, by his pride in his sons as well as by the confidence he has that they will both have successful futures. His sons seem to be living proof of his future happiness, and he in return conveys to them the feeling of confidence, security and trust in their own abilities.

So it is no wonder that Loman's optimism has taken a grip on his sons too, and that they are, as a result, all too willing to believe the accounts of his success in the business world and to uncritically accept his talk about "being vital to New England", i.e. his talk about his popularity and about his many friendships made on his business trips:

"Because the man who makes an appearance in the business world, the man who creates personal interest, is the man who gets ahead. Be liked and you will never want." (p. 22)

Thus, we see that success through personality and popularity is Willy's motto, which he is constantly at pains to convey to his sons and for which, in order to substantiate its validity, he uses himself as an example. This is why Happy and Biff are proud of their father, they love him and idolize him as an unquestionable authority. However, it becomes apparent on pages 24ff that this talk about his personal success in the business world is not strictly based on fact. The Lomans were already in financial difficulties at that time, and Willy himself knows only too well that he is not the one who can bring about the "open sesame", which he wants to make his sons believe:

"I know it when I walk in. They seem to laugh at me. ... I dont't know the reason for it, but they just pass me by. I'm not noticed. ... Other men ... they do it easier" (p. 25)

Here it is Linda who restores his self-confidence, who tries to put new heart into him and who knows how to sustain the pride he has in his good relationship with his sons:

"Willy, darling you're the handsomest man in the world –" ... And the boys, Willy. Few men are idolized by their children the way you are." (pp. 25, 26)

The need to compensate for these personal rejections and failures, as well as the resulting loneliness he feels on his business trips, evidently leads him to be unfaithful to Linda. Nevertheless, there is no reason not to take his declaration "You're the best there is, Linda ..." (p. 26) at face value. Against this background of success which has failed to materialize and the vague feeling that he is not the personality he pretends to be after all, his adultery becomes as understandable as those excessive exaggerations with which he tries to put new life into himself again. (e.g. "I have friends. I can park my car in any street in New England, and the cops protect it like their own." p. 21)

At times he also lapses into a jargon, which on the one hand reveals his aggressive, competition-orientated attitude towards life, but which, exactly because of this exaggerated way of expressing himself, exposes him as the underdog in this social competition. Expressions such as "Knocked'em cold in Providence, slaughtered' em in Boston" (p. 22) are nothing more than a desperate, but basically not very convincing, attempt to explain his constant failure in such a way that he can preserve his self-respect in front of himself and his sons. In order to still experience material success and social recognition, which he is denied, he transfers his dreams onto his sons and hopes that they will do better than he did.

Biff, especially, is well on the way to fulfilling his father's dreams of popularity, since as a good-looking football hero and school captain he proves himself to be – in the Loman sense – "well-liked": he is surrounded by very many friends, especially girls. Therefore, he obviously has the necessary qualities for a promising future.

So Willy's sights are set on Biff's future, and this leads him to adopt a dangerous attitude of leniency and laxness concerning his sons' upbringing, so that he eventually becomes completely uncritical and blind towards Biff.

In the light of this Happy receives comparatively little attention from his father. He is completely overshadowed by his older and evidently more talented brother, and his reiteration of "I'm losing weight. You notice, Pop?" is an attempt to have a share in his father's praise and attention too. Yet the brothers' relationship to each other does not seem to be affected by this. On the contrary, Happy too seems to join in with the uncritical idolatry of his brother (cf. p. 21).

Flattered from all sides and so imbued with Willy's values of personal attractiveness and success, Biff quite naturally thinks that he can make something of his life and can, without thinking twice about it, break the rules valid in everyday life, so that he occasionally steals. Willy, however, considers these thefts to be mere peccadillos and even encourages Biff: "Coach'll probably congratulate you on your initiative.... That's because he likes you. If somebody else took that ball there'd be an uproar" (p. 20).

Sporting and social prestige are valued much more highly by both father and sons than intellectual ability. They have little respect for the less athletic, more intellectual Bernard. They scornfully describe him as "anemic", and his urgings that Biff should rather prepare for his final examination at school fall on deaf ears.

The outcome of his upbringing can be seen in the present. "Why is he stealing? ... I never in my life told him anything but decent things" (p. 28) are Loman's words, whereby he begins to become vaguely aware of his guilt. For as the brothers' conversation at the beginning of the drama showed, neither of them has achieved the longed-for success. So it is above all the unfulfilled hopes and expectations which give rise to the conflict as far as Willy is concerned. Morever, his own failure has the effect of heightening the conflict. He has little to show for his years of working for his company and he now sees that he cannot take any more, and that he is unable to carry on with his present job. In view of these circumstances his sons' lack of success affects him even more and makes the gap between his expectations and reality even more plain to see. Willy's criticism of Happy obviously stems from this when he says to his son: "You'll retire me for life on seventy goddam dollars a week? And your women, and your car and your apartment, and you'll retire me for life!" The unbearableness and hopelessness of his present situation also become evident when he continues: "Christ's sake, I couldn't get past Yonkers today! Where are you guys, where are you? The woods are burning! I can't drive a car!" (pp. 28, 29)

But we must also bear in mind the sons, since they too – in their own way – have to bear the discrepancy between promise and expectation (dream) on the one hand, and lack of success and frustration (reality) on the other. Even in present-day life Happy still shows himself to be greatly influenced by his father's obsession with success. In the conversation with Biff (cf. Unit 1) it was already made clear that in spite of his mediocrity, Happy still considers himself to be more capable than others, which makes it virtually unbearable for him to have to constantly take orders and instructions from others. However, his desire to always be top dog ("maybe I just have an overdeveloped sense of competition or something" p. 16) has at best brought him dubious success in the sexual realm. To set up a business together with Biff is an idea which puts new hope into the equally unfulfilled expectation he has of life.

However, Biff too is still trying to find himself, and, at the age of 34, still does not know what he wants and where he belongs (cf. *Unit 1*). His own lack of success and his untiring search for identity have in the meantime caused him to doubt his ideals, and partly explain his critical, occasionally disapproving attitude towards his father.

Against the background of such disillusionment of both, father and sons, the conflict becomes understandable, or even inevitable.

Unterrichtsverlauf

1. Schritt:
The Loman family in the past

Mit Beginn der 3. Stunde wenden wir uns unmittelbar der ersten Vergangenheitsepisode (pp. 18–28) zu. Um einer möglichen, und m. E. auch verständlichen, Desorientierung der Schüler vorzubeugen, sollte von Anfang an deutlich hervorgehoben werden, daß es sich bei diesem Textabschnitt um einen Rückgriff auf die Vergangenheit handelt. Nur auf diese Weise ist gewährleistet, daß die Schüler die Ergebnisse ihrer Hausaufgaben und des folgenden Unterrichtsablaufs im richtigen Zusammenhang erkennen. Durch die globale Frage *Did you realize when this scene takes place?* kann sich der Lehrer vergewissern und notfalls auf die Regieanweisungen verweisen: *Young Biff and Young Happy appear ... (p. 18).*

Sodann verlesen die Schüler ihre Hausaufgabe, und die Klasse wird aufgefordert, aus den jeweiligen Beiträgen sowie aus ihren eigenen Arbeiten diejenigen Gesichtspunkte zusammenzutragen, die für das *father-son-relationship* von Interesse sind. Bei geeigneter Formulierung werden die Beiträge ins Tafelbild übernommen. Dabei wird es sich als zeitsparend erweisen, wenn man vorher die Umrisse des Tafelbildes als Leerschema für die Schüler vervielfältigt. Auf der linken Seite (*past*) bilden Willy und die Söhne noch eine Einheit, rechts (*present*) wurden sie in zwei getrennten Blöcken dargestellt. (Wer möchte, kann den Gegensatz zusätzlich durch Farben verdeutlichen und die Blöcke mit grün (*past*) und orange (*present*) umranden.)

Auf der Basis der Hausaufgabe ist mit einem zügigen Unterrichtsverlauf zu rechnen. Denn auch solchen Schülern, die im Interpretieren wenig geschult sind, dürfte beim Lesen dieser Textstelle der Kontrast zu den vorhergehenden Interpretatonsergebnissen (*Unit 1*) nicht entgangen sein: die auf den ersten Blick heile Welt, die uns das Bild eines harmonischen Familienlebens gibt, in dem Willy noch unbestritten als Autoritätsperson von seinen Söhnen anerkannt wird. Je nachdem, wie fundiert die Ergebnisse der Hausaufgabe ausfallen, braucht der Lehrer selbst seine Fragen mehr oder weniger zu präzisieren. Er sollte aber insofern dirigierend eingrei-

fen, als auf die Erarbeitung der zwei Aspekte geachtet werden muß:
a) die Sicht der Söhne
b) Willys Sicht.

Durch die ersten Leitfragen wird das Verhältnis von gegenseitigem Vertrauen und Zuversicht erarbeitet; gleichzeitig sollte aber schon frühzeitig sichtbar werden, daß Zuversicht und Erfolgsglaube auf tönernen Füßen stehen, da Willys Gerede wenig auf Realität basiert. (Vgl. Leitfragen: *By which means does he gain his sons' recognition and admiration? – Are you as impressed by Willy's stories as Happy and Biff?*). Diese Zweifel an Lomans Erfolg und seiner Beliebtheit werden jedoch nicht im Tafelbild vermerkt, denn diese Erkenntnis gewinnt hier lediglich der Zuschauer bzw. Leser, nicht aber die Söhne. (Dies gilt ebenso für den 3. Schritt, da dieser für das Vater-Sohn-Verhältnis nicht relevant ist).

Die Frage, ob die Schüler Willy für einen guten Vater halten oder nicht, soll sie schließlich zur Erkenntnis führen, daß Loman seine Söhne sowohl nach falschen Idealen als auch nach fragwürdigen Prinzipien erzieht und ihnen nochmals verdeutlichen, wieso der Konflikt vorrangig zwischen ihm und Biff ausgetragen wird.

2. Schritt:
The uniformity of their ideals

Da die Söhne zu diesem Zeitpunkt ihrem Vater noch kritiklos gegenüberstehen, ergibt sich daraus folgerichtig auch die Feststellung, daß sie in ihren Wertvorstellungen mit ihm übereinstimmen. Diese sollen im 2. Unterrichtsschritt noch deutlicher herausgearbeitet werden. Am Beispiel von Happy, der zwar ständig im Schatten seines Bruders steht, aber dennoch dessen blinde Verherrlichung kritiklos mitträgt, kann man dieses Interpretationsergebnis mühelos erzielen.

Ebenso trägt Bernard als Kontrastperson dazu bei, die sowohl ignorante als auch verächtliche Haltung aufzuzeigen, die die Lomans gegenüber geistiger Arbeit und Anstrengung einnehmen. Und nicht zuletzt zeigt die Tatsache, daß die Söhne sich bereits Willys Jargon zu eigen gemacht haben, wie sehr sie sich mit dem Vater und seinen Maximen identifiziert haben.

So entsteht abschließend das Bild eines vermeintlich glücklichen Familienlebens, das von *harmony, mutual pride, confidence* u. ä. geprägt wird. Diese Begriffe runden den Abschnitt *past* des Tafelbilds ab.

3. Unterrichtsschritt:
The relationship between Willy and Linda in the past

Bei dem 3. Schritt sollte man auf keinen Fall zu lange verweilen. Zwar ist manches in der Sekundärliteratur geschrieben worden über Lindas Rolle und über die Frage, inwieweit sie Willys offensichtlich getrübten Blick für die Wirklichkeit durch ihr Verhalten noch zusätzlich beeinträchtigt. Doch da diese Frage das Vater-Sohn-Verhältnis nur am Rande berührt, erscheint es sinnvoll, sie im Interesse einer zügigen Interpretation zurückzustellen. Aus demselben Grund sollte man an dieser Stelle auch der „fremden Frau" im Hintergrund nicht mehr Aufmerksamkeit zukommen lassen als unbedingt erforderlich; denn erst im 2. Akt wird Lomans Ehebruch für die interpretatorische Gesamtkonzeption relevant. Man könnte sich mit dem Hinweis begnügen, daß diese Frau offensichtlich die Beziehung zwischen Willy und Linda überschattet hat.

Dennoch ist dieser Unterrichtsschritt in zweifacher Hinsicht von Bedeutung:
– Er bietet dem Lehrer einen Anknüpfungspunkt, wieder zu Lomans gegenwärtiger Misere überzuleiten.

- Wie in den *Notes on Interpretation* gezeigt wurde, ist dies einer der wenigen Augenblicke, in denen Loman sich selbst und anderen gegenüber aufrichtig ist. Dadurch gewinnt der Schüler bereits frühzeitig die wichtige Erkenntnis, daß Lomans gegenwärtige Probleme zumindest teilweise schon in der Vergangenheit existierten, und daß die Vergangenheit nicht so glücklich und erfolgversprechend verlaufen sein kann, wie diese Szene bislang vermuten ließ.

4. Schritt:
The relationship between Willy and his sons in the present

Wie oben erwähnt, kehren wir wieder auf die Ebene der Gegenwart und damit zur Ausgangssituation zurück. Auf diese Weise werden die Schüler dazu angehalten, sich vor dem Hintergrund der hinzugewonnenen Aspekte nochmals mit den früher erworbenen Ergebnissen auseinanderzusetzen (vgl. 1./2. Stunde, 6. Schritt). Zunächst sollen sie die wesentlichen Punkte wiederholen, mit denen sich Willy, Biff und Happy charakterisieren lassen, dann Begriffe finden, die ihre gegenwärtige Beziehung beschreiben.

Man sollte darauf achten, daß sich die Schüler nicht zu sehr in Einzelheiten verlieren, denn für diese Kontrastierung von *past* und *present* genügt eine globale Beschreibung, wie z.B. für Willy: *near breakdown, not successful, constant quarrels with his sons*. Haben die Schüler einmal erkannt, daß es sich hier um eine Gegenüberstellung von Gegenwart und Vergangenheit handelt, wird es ihnen auch leicht fallen, entsprechende Kontrastbegriffe zu finden, die das Vater-Sohn-Verhältnis für die Gegenwart beschreiben. Somit dient diese Zusammenfassung nicht nur der Wiederholung, sie setzt gleichzeitig auch das Tafelbild (Abschnitt *Present*) fort. Um nicht bei einer reinen Reproduktion bereits gewonnener Ergebnisse zu verharren, sollte man versuchen, die Kontrastbegriffe *dream*, *hope* und *illusion* einerseits (*past*) sowie *disappointment*, *frustration* und *reality* andererseits (*present*) deutlicher in den Mittelpunkt der Interpretation zu stellen. Bei Bedarf bekommen die Schüler Gelegenheit, den Text erneut zu überprüfen (cf. pp. 13–15). An Hand von *key sentences* können sie das wesentliche Merkmal der gegenwärtigen Situation, in der sich Biff und Happy befinden, belegen: ihre Unzufriedenheit angesichts der unerfüllten Ideale und Erwartungen, ihre Halt- und Ziellosigkeit, die sich besonders bei Biff in Spannungen und Konflikten mit dem Vater niederschlagen. (Vgl. TA) Hiermit sind bereits die Voraussetzungen für den nächsten Schritt geschaffen.

Für den Fall, daß sich das ganze Tafelbild nicht ohne zeitliche Unterbrechung erarbeiten läßt, sollte man die bereits erarbeiteten Ergebnisse auf eine Folie übertragen, um in der folgenden Stunde ohne weiteren Zeitverlust an der betreffenden Stelle anknüpfen zu können.

5. Schritt:
Reasons of the father-son-conflict

Bis hierher entsprach die Analyse der Vater-Sohn-Beziehung hauptsächlich einer „Bestandsaufnahme". Im folgenden Schritt wollen wir versuchen, mögliche Ursachen für dieses Konfliktverhältnis im Ansatz zu ergründen. Dabei erscheint es im Interesse einer zügigen Interpretation hilfreich, wenn wir uns eingangs nochmals vor Augen führen, welche bedeutende Rolle den Söhnen, bes. Biff, in Willys Lebensplanung zukommt: *Why is it so important for Willy that his sons share his ideals?*
Auf die Frage, ob sich die gegenseitigen

Hoffnungen und Erwartungen erfüllt haben, bietet zunächst das Tafelbild eine ausreichende Grundlage für die weitere Interpretation: Es veranschaulicht den „Rahmen", den Willy in der Vergangenheit für die Anschauungen und Wertvorstellungen seiner Söhne bildete, weist jedoch für die Gegenwart zwei getrennte Blöcke aus. Bei ausreichender Zeit lassen sich auch im Rückgriff auf den bisher gelesenen Text mühelos Stellen anführen, die Willys enttäuschte Erwartungen und Hoffnungen belegen.

Die Frage *Do the sons seem to be aware of these reasons?* verdeutlicht frühzeitig den Unterschied zwischen Happy und Biff, der bereits am Ende des vorigen Schritts vorbereitet wurde. Die Schüler sollen erkennen, daß Biff im Begriff ist, die Fragwürdigkeit der bislang verfolgten Ideale zu durchschauen, die ihn daran hindern, seine Identität zu finden und sein Leben nach eigenen Vorstellungen zu gestalten.

Danach wenden wir uns dem kurzen Textabschnitt von p. 28, l. 10 bis p. 29, l. 4 zu, der entweder wieder mit verteilten Rollen gelesen oder über Tonträger dargeboten werden kann. Der Übergang von der Vergangenheit auf die Gegenwart mag Schwierigkeiten bereiten, dürfte aber bei nachdrücklichem Hinweis auf die Regieanweisungen (e. g. *Willy is alone in the kitchen, ... The leaves are gone. It is night again ...*) zu bewältigen sein. Andernfalls kann man es hier bei einer kurzen Erläuterung durch den Lehrer bewenden lassen; denn in *Unit 3*, wo wir uns mit der Technik der Zeitverschiebungen in *DS* gesondert befassen, werden wir ohnehin auf diesen Übergang zurückkommen. Die Zeilen *Loaded with it. ... I never in my life told him anything but decent things.* sowie *Why didn't I go to Alaska with my brother Ben that time!* lassen sowohl Willys beginnende Selbstvorwürfe im Hinblick auf die Erziehung seiner Söhne als auch Zweifel an seiner bisherigen Lebenskonzeption erkennen.

Am Ende unserer Interpretation von *Unit 2* steht Lomans Unfähigkeit, seinen Beruf weiterhin auszuüben, die darin offenkundig wird, daß er nicht mehr imstande ist, Auto zu fahren.

Happys zweifelhaftes Angebot, ihn fortan zu unterstützen, sowie Willys Reaktion auf dieses Angebot stellen dem Schüler die Ausweglosigkeit dieser Situation sowie Willys Gemütszustand nochmals einprägsam vor Augen.

Die Frage, ob und wie er mit seiner gegenwärtigen Situation fertig werden kann, führt uns zu Lomans Flucht aus dieser Gegenwart und zu der genaueren Analyse der Zeitverschiebungen in den nächsten beiden Stunden.

Hausaufgabe

Die Hausaufgabe besteht zunächst aus einem schriftlichen Teil. *Briefly describe Willy Loman's present plight. In which way do the sons aggravate his situation? What else accounts for his breakdown?* Diese Aufgabe erfordert nicht nur einen Gesamtüberblick über die wichtigsten Unterrichtsergebnisse von *Unit 1* und *2*, sie bildet darüber hinaus auch den Ausgangspunkt für *Unit 3* (5. und 6. Stunde). Ebenso wird die sprachliche Vorbereitung der Seiten 29–36 vorausgesetzt. Empfehlenswert wäre u. U. der Hinweis, daß auch dieser Textabschnitt großenteils vergangenes Geschehen behandelt. Daher könnte man die Lektüre mit der Aufgabe verbinden: *Paying attention to the stage directions, try to find out whether the action takes place in the present or the past.*

Sollten beide Aufgabenteile als zu umfangreich erscheinen, sind Variationen möglich. Der schriftliche Teil könnte ggf. stichwortartig und tabellarisch behandelt werden; auf diese Weise wäre das inhaltliche Ziel ebenso gewährleistet. Da ferner der vorzubereitende Textabschnitt erst im 1. Schritt der 6. Stunde relevant wird, (die Seiten 32–36 sogar erst im 6. Schritt) könnte die mündliche Aufgabe auch zu einem späteren Zeitpunkt gestellt werden.

Unit 3
Willy's Escape into the Past

5. Stunde:
Timeshifts in DS

Didaktische Vorbemerkungen
zur 5. und 6. Stunde

Wir sind mit der Lektüre und Interpretation des Dramas bis zu der Stelle vorangekommen, wo die Vergangenheit zum ersten Mal die Gegenwart verdrängt und das Bühnengeschehen bestimmt. Zweifellos erschwert diese spezifische Behandlung der Zeit (im folgenden kurz und vereinfacht als Rückblendentechnik bezeichnet) den unmittelbaren Zugang zum Drama und erfordert deshalb besondere Beachtung. Dennoch wurden bisher, um das vorrangige Unterrichtsziel, die Vater-Sohn-Beziehung, nicht aus den Augen zu verlieren, weder die Funktion dieser Zeitverschiebung behandelt noch wurde genauer untersucht, wodurch für den Zuschauer ersichtlich wird, ob sich die Handlung jeweils in der Gegenwart oder der Vergangenheit vollzieht.

Jedoch erscheint es vor der Behandlung der nächsten Rückblende (pp. 31–36) ratsam, den Schülern gezielte Hilfestellung zu erteilen, da sie bei einer eigenständigen Lektüre, wie sie für den 2. Akt vorgesehen ist, wahrscheinlich überfordert wären. Daher bildet die Behandlung der Rückblendentechnik den Schwerpunkt von *Unit 3*. Zunächst wollen wir fragen, wodurch Lomans Erinnerungen ausgelöst werden. Die Schüler sollen erkennen, daß es Augenblicke des Konflikts sind, in denen sich die Vergangenheit des Bewußtseins Lomans bemächtigt, sei es, weil Loman versucht, diesen drängenden Konflikten zu entfliehen, sei es, daß er in der Vergangenheit nach Erklärungen oder nach Selbstrechtfertigung sucht (1. Schritt: *Reasons for Willy's escape into the past*).

Fangen die Schüler an zu begreifen, daß Willys Flucht in die Vergangenheit psychologisch motiviert und das vergangene Geschehen als seine *mémoire involontaire* auf der Bühne dargestellt wird, so ist eine wesentliche Voraussetzung sowohl für das Verständnis der zweiten Rückblende als auch für die Frage nach der Funktion dieser Rückblendentechnik (6. Stunde), und nicht zuletzt für die spätere Charakterisierung Willy Lomans (*Unit 5*) geschaffen.

Wie oben angekündigt, soll aber der eigentliche Schwerpunkt dieser Stunde darin bestehen, am Beispiel der ersten, den Schülern bereits bekannten Rückblende zu untersuchen, wie diese Zeitverschiebungen im einzelnen ablaufen und mit welchen Mitteln Miller sie dem Zuschauer verdeutlicht, um ihn im Gegensatz zu Loman vor derselben zeitlichen und räumlichen Desorientierung zu bewahren (2. Schritt: *The preparation of the timeshifts*). Zum einen behandelt dieser Schritt die bühnentechnischen Mittel, soll aber auch zeigen, daß für den aufmerksamen Leser die Zeitverschiebungen ebenso im Dialog stufenweise vorbereitet werden, so daß der Wechsel von einer Zeitebene auf die andere sich niemals abrupt, sondern immer allmählich vollzieht.

In der 6. Stunde wollen wir nach der Funktion der Rückblenden fragen; zu diesem Zweck setzen wir die Lektüre des Textes bis zum Ende der zweiten Rückblende (p. 36) fort. Denn das sogenannte *card game* (pp. 29–32) unterscheidet sich von der ersten Rückblende dadurch, daß hier die Gegenwart nicht einfach von der dramatisierten Vergangenheit abgelöst wird, sondern daß es darüber hinaus zu einer zeitweiligen Überlagerung beider Zeitebenen kommt (vgl. *Notes on Interpretation*). Weil Loman diese zeitliche Überlagerung nicht empfindet, die Zeitebenen vielmehr in seinem Bewußtsein durcheinandergehen, eignet sich diese zweite Vergangenheitsepisode treffender als die erste, die Intention des Autors zu verdeutlichen. Daher wird am Beispiel dieser zweiten Rückblende erarbeitet, daß die verschiedenen Zeitebenen im Grunde genommen Lomans verschiedenen Bewußtseinsebenen entsprechen, und daß es sich folglich bei einem Wechsel von einer Zeitebene auf die andere um einen Wechsel der Perspektive (*point of view*) handelt, aus der das Geschehen dargeboten wird. Die Schüler sollen einsehen, daß Miller durch diese spezifische Technik den Zuschauer die Welt Willy Lomans abwechselnd aus einer objektiven und dessen subjektiven Perspektive miterleben läßt und ihm dadurch einen tieferen Einblick in die tatsächlichen Handlungszusammenhänge ermöglicht als der Hauptfigur selbst. Auf diese Feststellung aufbauend läßt sich dann bereits erkennen, was noch an späterer Stelle (*Unit 4*) zu behandeln bleibt: Es geht dem Autor nicht so sehr um die rasche Abfolge vordergründiger Handlungselemente, sondern sein vorrangiges Interesse gilt der Darstellung innerer Abläufe, der Darstellung der Psyche Willy Lomans.

Unit 3 läßt sich in 2 Stunden bewältigen. Bei der weiteren Zeitplanung sollte man darauf achten, daß der Inhalt des 1. Aktes den Schülern vor Beginn von *Unit 4* geläufig ist (vgl. Hausaufgabe *Unit 3*; didaktische Vorbemerkungen *Unit 4*).

Notes on Interpretation
zur 5. und 6. Stunde

As indicated at the end of Unit 2, the impasse Loman has reached is caused by his failure in his job, his relationship with Biff, which is tense because of unfulfilled expectations, a mixture of guilt and affection, his affair with another woman as well as a vague feeling of having brought up his sons incorrectly. Consequently this impasse triggers off a chain of events within him, which become evident through his repeated attempts at escaping into the past. This past, however, is not only revealed to the audience through dialogue, as is still the case in Miller's earlier drama *"All My Sons"*, but has a very strong, inner connexion with Loman's present situation: it is given direct performance on stage as his involuntary recollection of the past.

Accordingly, two different time levels are distinguishable in the first act, on which the plot develops: the present time level of 1945 and the past time level, repeatedly indicated as 1928.

In order to make these shifts in place and time recognizable to the audience, Miller uses a number of stage techniques, which are shown clearly below by a few examples from the first and second sequences from the past.

1. Lighting:
"Their [the boys'] light is out. Well before they have finished speaking. Willy's form is dimly seen below in the darkened kitchen... The apartment houses are fading out, and the entire house and surroundings become covered with leaves." (p. 18)
"Music insinuates itself as the leaves appear." (p. 18)

2. Music (as a leitmotif)
"Ben's music is heard." (p. 31)

3. Volume/manner of speaking
"Willy is gradually addressing ... a point offstage ... and his voice has been rising in volume to that of a normal conversation." (p. 18)

4. Gestures
"He is totally immersed in himself, smiling faintly." (p. 18)

5. Stage properties/costumes
"Young Biff and Young Happy ..."
"Happy carries rags ... Biff, wearing a sweater with a block 'S', carries a football." (p. 19)

6. multiple playing area/walls
"Willy ... is speaking through the wall of the kitchen." (p. 18)
"... and they come down to the apron." (p. 20)

Thus, whenever Willy's mind oscillates between past and present Miller contrives fluidity on stage without any cumbersome set changes. Furthermore, he succeeds in psychologically motivating Willy's escape into the past, as already indicated above. It is always at times of conflict (e. g. when confronted with his inability to drive a car, with his sons' instability etc.) when Loman can no longer stand up to the present and tries to flee from it. Either suppressed feelings of guilt come to the surface and make him search for self-justification in the past (cf. "Why is he stealing? What did I tell him? I never in my life told him anything but decent things", p. 28); or scenes of a seemingly problem-free time in the past appear in his mind's eye which then follow a chain of associations until they have taken the place of Willy's anxiety-ridden present.
As put forward by L. Moss (p. 53) who describes these step by step transitions from one time level to the other, the gradual development of the first scene from the past is given here as an example.

Step I: pp. 6–11
A conversation with Linda (present) about his driving reminds Willy of the old Chevy he owned when Happy and Biff were still boys (verbal past). When asking Linda about his sons, the father-son-conflict is opened up (present).

Step II: pp. 11–17
The scene moves to the boys' bedroom (present) where Happy and Biff discuss Willy's careless driving (present). Biff feels that he can't be close to his father (father-son-conflict continued; present). Also Biff's thefts are hinted at for the first time (Bill Oliver; verbal past), and when they recall their popularity with girls (verbal past), they are interrupted by Willy mumbling on the same subject (transition from present to past).

Step III: pp. 17, 18
Willy who is sitting downstairs (present), addresses Biff and Happy as boys (verbalized past):
He finds the boys polishing the car and advises Biff to be careful with girls (verbalized past). "You gonna wash the engine, Biff?" (p. 17) ... "Just wanna be careful with those girls, Biff." (p. 18)

Step IV: p. 18
Then Young Biff and Happy come on stage (dramatized past). They polish the Chevy (p. 19) and Biff says that he has "borrowed" the football from the locker room (p. 19).

The same characters can therefore appear in the present as well as in the various stages of the past, and whenever Willy remembers something from the past we see it as if it were happening here and now. Yet these visualized scenes from the past affect Willy's consciousness alone; that of the rest of the characters remains unaffected insofar as they carry on behaving as normal and have no insight into Loman's memory.

This becomes particularly clear in the second scene from the past when Willy and Charley are playing cards. Once again, being confronted with his own failure, Loman asks himself why he did not follow his brother Ben to Alaska that time (present time level):

"Why didn't I go to Alaska with my brother Ben that time! ... What a mistake! ..." (p. 28)

Shortly afterwards Loman suddenly enters into the realm of his memory, although Charley does not realize this:

Willy: I'm getting awfully tired, Ben.
Charley: Good, keep playing; you'll sleep better. Did you call me Ben?
Willy: That's funny. For a second there you reminded me of my brother Ben.

As is now evident to the audience, the Ben of Willy's memory has likewise entered into the actual events on stage, which now – as far as Willy is concerned – take place on two overlapping levels of time and consciousness: on the one level the present card game with Charley, on the other the dialogue with the Ben of his memory (simultaneity of past and present action).

Whereas the attentive audience has no problem in neatly distinguishing between the present card game and Loman's memory, Loman himself, however, is unaware of this overlapping. He is no longer able to distinguish between the present card game and his memory, and therefore does not mention to Charley that he can see Ben in front of him. As already mentioned, Charley – in contrast to the audience – has no insight into Loman's inner world and is, therefore, not aware of Loman's disorientation in place and time. This leads to an inevitable misunderstanding, as the result of which Charley leaves. Loman is now alone with his dead brother and the past has taken the place of the present (past time level, cf. p. 32).

Jochems (op. cit., p. 88) correctly establishes that the splitting-up of the action into two levels dramatically symbolizes "die Spaltung des Bewußtseins der Hauptfigur in zwei hermetisch getrennte Denk- und Erfahrungsbereiche". The fact that the audience or the reader might temporarily feel confused as the result of the scenic representation of these different levels of consciousness is not created by chance, but is rather the author's intention: The audience's state of mind does indeed reflect very clearly the protagonist's state of mind on the stage.

In order to emphasize this fusion of different levels within Loman's consciousness from the very beginning, Miller originally thought of calling the play "The Inside of His Head" "and also had in mind a corresponding stage set which was, as it were, to represent the inside of a head:

"The first image that occured to me ... was of an enormous face the height of the proscenium arch which would appear and then open up, and we would see the inside of a man's head. In fact, The *Inside of His Head* was the first title. It was conceived half in laughter, for the inside of his head was a mass of contradictions. ... I wished to create a form which, in itself as a form, would literally be the process of Willy Loman's way of mind." (Introduction to the Collected Plays, p. 135/36)

Miller later rejected both the original title and the corresponding stage set. He feared that, because of this one-sided, subjective portrayal of the events, the audience could identify itself too much with the main character, and also that he would not achieve the effect he wanted, namely to show the contradictions in Loman's way of mind and in his behaviour. Only the subtitle "Certain Private Conversations" remains, which still refers to a subjective, self-centred viewpoint.

Yet the audience still feels itself reminded of the original conception of "The Inside of His Head" insofar as it is Willy's consciousness alone which determines the development of the plot as well as the respective time level on which the plot takes place. This consciousness follows no particular chronology, it simply follows an inner compulsion resulting from Willy's present situation, so that the action alternately develops either on the present or on the past time level or is seen as a fusion of both time levels.

This explains the fact that many critics have raised the question whether or not we can call *DS* a stream-of-consciousness novel presented with dramatic means. Discussion of such a problem would certainly go beyond the demands one could make upon pupils (even in a Leistungskurs). On the other hand it is important to stress the fact that Miller's intention is clearly not to create obvious suspense through external action and to develop the events chronologically, but rather to portray the events alternately from different perspectives: from an objective perspective (present time level) and from Loman's subjective point of view (past time level).

Therefore, by analogy with modern narrative art, whenever the plot shifts from the present to the past time level – and vice versa – each time there is a shift in the point of view. By juxtaposing both viewpoints – the objective and the subjective – Miller succeeds in providing the audience with a greater degree of objectivity and because of this with a more extensive understanding of the actual connexions within the plot. Whereas Loman remains totally engrossed in his subjective, self-centred perspective, the audience, having this objectivity, is in a position to experience more directly Willy's worries, hopes and conflicts, as well as to be aware of the contradictions in his way of mind and in his behaviour.

In this dramatically more convincing way Miller allows a deeper insight into Loman's psyche than he would have been able to had he used a conventional technique.

On pages 32–36 this second sequence from the past is brought to a close; as far as the father-son conflict is concerned, however, we are given no more essentially new pieces of information.

Insofar as Ben is presented to the sons as the living proof of somebody who has achieved considerable success through taking adventurous risks, we see once again just how strongly attached Loman really is to this idea of material success.

Unterrichtsverlauf

1. Schritt:
Reasons for Willy's escape into the past

Zu Beginn der Stunde tragen einzelne Schüler ihre Hausaufgabe vor. Da sie im wesentlichen aus einer Zusammenfassung von bereits Bekanntem besteht, dürfte diese Unterrichtsphase keine nennenswerten Probleme aufwerfen. Sodann benutzen wir die Hausaufgabe als Einstieg in die zentrale Problematik dieser *Unit*, Lomans Flucht in die Vergangenheit. *How is Willy going to come to terms with this tension? How does he try to cope with his present plight?* sind Impulse, die unmittelbar dorthin führen. Zudem ist durch die inhaltliche Erarbeitung der 1. Rückblende sowie durch die häusliche Vorbereitung der 2. Vergangenheitssequenz Willys Ausweg dem Schüler nicht mehr ganz unbekannt. So erscheint *Willy's escape into the past* neben anderen Möglichkeiten als eine Reaktion, mit der er versucht, seine gegenwärtige Lage zu meistern.

Im folgenden soll seine Flucht vor der Gegenwart und damit die Zeitverschiebungen eingehender untersucht werden. Zugrunde liegt der Textabschnitt pp. 27–29, der hier exemplarisch behandelt werden kann. Zudem werden die Schüler ihn noch gut im Gedächtnis haben, da er unmittelbar an die vorhergehende Stunde anknüpft. Ebenso stellt auch die Hausaufgabe zur heutigen Stunde eine sichere Grundlage dar, um dieses Problem zu erarbeiten. Daher werden die Schüler aufgefordert, sie nochmals zu überdenken und die wesentlichen Faktoren hervorzuheben, die Loman die Gegenwart unerträglich erscheinen lassen.

Falls dennoch erforderlich (wie etwa bei der Frage *Could one argue that Willy deliberately escapes into the past ...*), sollte man den Schülern Zeit geben, den Text nochmals zu überprüfen. Denn es ist unbedingt nützlich, wenn neben den Gründen für diese Gegenwartsflucht auch herausgearbeitet wird, daß Loman seine Erinnerungen nicht aus freien Stücken heraufbeschwört; es sollte deutlich werden, daß sie durch verdrängte Schuldgefühle und seine Unfähigkeit, der Realität standzuhalten, psychologisch motiviert werden und sich somit ihm gleichsam unfreiwillig aufdrängen. Auf diese Weise werden die Schüler später umso schneller erkennen, daß es sich im Falle Willy Loman um eine pathologische Persönlichkeit handelt.

Die letzten 3 Leitfragen können zusätzlich gestellt werden, falls es den Schülern schwerfällt, den kausalen Zusammenhang zwischen Lomans Erinnerungen und seiner gegenwärtigen Krise zu erkennen.

2. Schritt:
The preparation of the timeshifts
Nachdem zuvor die Gründe für Lomans Flucht in die Vergangenheit dargelegt wurden, wird jetzt untersucht, auf welche Weise Miller diese Zeitverschiebungen dem Zuschauer verdeutlicht. Dabei lassen sich 2 Aspekte unterscheiden:
a) die theatertechnischen Mittel,
b) die verbalen Mittel, d. h. vor allem die stufenweise Entwicklung im Verlauf der Dialoge.

Da diese Untersuchung genaueste Textkenntnis voraussetzt, sollte man den Schülern genügend Zeit lassen, den bereits gelesenen Text auf die jeweiligen Fragen hin erneut zu überprüfen; von daher erscheint hier eine Stillarbeitsphase angebracht. Ferner empfiehlt es sich aus Gründen der Zeitökonomie, beide Aspekte arbeitsteilig in Form von Partner- oder themengleicher Gruppenarbeit untersuchen zu lassen.

Zwar ließe sich das gewünschte Ergebnis auch durch ein fragend-entwickelndes Unterrichtsgespräch erzielen, doch wenn die Schüler nicht über die erforderliche Textkenntnis verfügen, dürfte der Unterricht auf diese Weise eher schleppend verlaufen.

Je ein Aspekt wird von einer oder mehreren Gruppen/Partnern unter einer vorgegebenen Leitfrage bearbeitet (vgl. Stundenblatt). Es wurden hauptsächlich die Seiten 17–19 zugrunde gelegt, da diese erste Zeitverschiebung den Schülern unter inhaltlichen Gesichtspunkten bereits bekannt ist, was besonders der Gruppe B die Arbeit erleichtern wird.

Nachdem wir uns in *Unit 1* mit der Bedeutung der außersprachlichen Mittel ausgiebig beschäftigt haben, dürfte die Frage nach den theatertechnischen Mitteln (Gruppe A) keine Schwierigkeiten bereiten. Die betreffenden Regieanweisungen sind kurz und schnell zu überblicken.

Preparation of the first timeshift

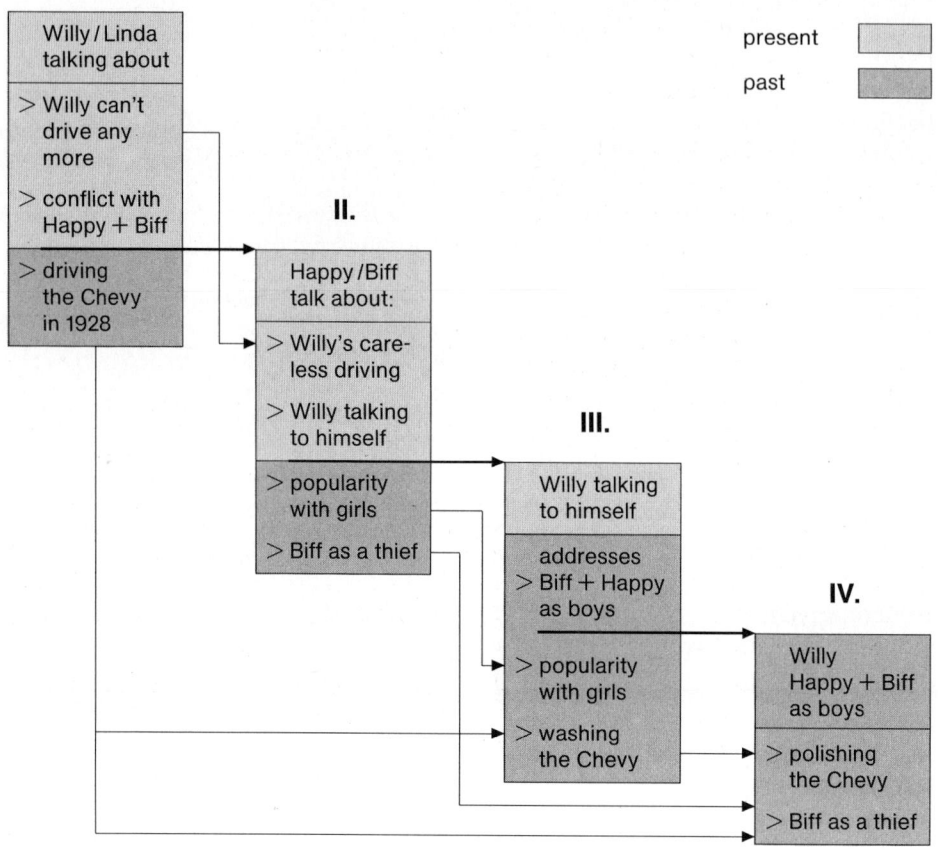

I pp. 6–11	**II** pp. 11–17	**III** p. 17/18	**IV** p. 18
A conversation with Linda (present) about his driving reminds Willy of the old Chevy he owned when Happy + Biff were still boys. (Past) When asking Linda about his sons his conflict with Happy + Biff is opened up. (Present).	The scene moves to the boys' bedroom (present) where Happy + Biff discuss Willy's careless driving (present). Biff feels that he can't be close to his father. (conflict continued, present). Also Biff's thefts are hinted at for the first time (B. Oliver, past), and when they recall their popularity with girls (past), they are interrupted by Willy mumbling on the same subject. (Past → III)	Willy who is sitting downstairs (present), addresses Biff + Happy as boys (past). He finds the boys polishing the car and advises Biff to be careful with girls (past). "You gonna wash the engine, Biff?" (p. 17)/ "Just wanna be careful with those girls, Biff". (p. 18)	Then Biff + Happy come on stage (dramatized past). They polish the Chevy (p. 19, ll. 11/12); Biff says that he has "borrowed" the football from the locker room (p. 19, ll. 31–35).

(Zur Beschreibung vgl. L. Moss, op. cit., p. 53)

An die Schüler der Gruppe B werden zweifellos höhere Anforderungen gestellt. Durch genaue Textanalyse sollen sie erkennen, daß bestimmte Punkte mehrfach und keineswegs zufällig erwähnt werden, daß sie vielmehr ineinander verzahnt sind und gleichsam wie eine Kette von Assoziationen den stufenweisen Übergang von der Gegenwart in die Vergangenheit in Willys Bewußtsein vorbereiten, wie in den *Notes on Interpretation* für die erste Vergangenheitssequenz exemplarisch verdeutlicht wurde. Es scheint ratsam, den unterschiedlichen Schwierigkeitsgrad beider Aufgaben bei der Einteilung der Gruppen von vornherein entsprechend zu berücksichtigen. Auch wird bei der Arbeit einzelner Gruppen gezielte Hilfestellung durch den Lehrer unbedingt förderlich sein.

Den Abschluß dieses Unterrichtsschritts bildet die Auswertung der Gruppen- bzw. Partnerarbeit. Die von einzelnen Schülern oder zuvor bestimmten Gruppensprechern vorgetragenen Ergebnisse werden im Plenum erörtert, gesammelt und schließlich geordnet an der Tafel festgehalten (vgl. Stundenblatt, TA: *Willy's escape into the past*). Jetzt können auch die Folien mit der Darstellung des Bühnenbildes herangezogen werden (vgl. Hausaufgabe des „Spezialisten", Ende *Unit 1*). Indem man eine kleinere Lichtstufe des Projektors wählt, die Folie mit dem Häuserblock allmählich herausnimmt und an ihrer Stelle die mit den Blättern einschiebt, läßt sich auch im Klassenzimmer der Übergang von einer Zeitebene auf die andere visuell darstellen. Im Tafelbild *Preparation of the first timeshift* wurde versucht, die allmähliche Vorbereitung des stufenweisen Übergangs durch den Dialog zu veranschaulichen. Es mag dem einzelnen Lehrer überlassen bleiben, ob er dieses Tafelbild zusätzlich zur Verdeutlichung heranziehen möchte oder nicht; bei der o a. Zeitplanung wurde es nicht berücksichtigt.

3. Unterrichtsschritt/Hausaufgabe:
Presentation of the worksheet "Survey I"

Nicht nur weil Miller auf eine herkömmliche Szeneneinteilung verzichtet, sondern gerade wegen der verschiedenen Zeit- und Bewußtseinsebenen erscheint es ratsam, den Schülern ein Gerüst an die Hand zu geben, mit dessen Hilfe sie sich jederzeit im Drama zurechtfinden können. Diesen Zweck sollen die Übersichten *"Survey I and II"* (jeweils für den 1. und 2. Akt) erfüllen. Die Schüler finden dort die Seitenzahlen des Dramas fortlaufend aufgeführt und jeweils gruppiert nach Sequenzen, wie sie einer herkömmlichen Szenenaufteilung hätten entsprechen können.

Diesen Sequenzen wiederum sind die Spalten *Place*, *Dominating Characters* und *Time* zugeordnet, und zwar jeweils die drei oberen Spalten für die Gegenwart, die drei unteren für die Vergangenheit. Der untere Teil bietet Raum für eine knappe Skizzierung der Handlung dieser betreffenden Sequenzen. Daß die Handlung auf verschiedenen Ebenen abläuft, läßt sich besonders gut verdeutlichen, wenn man diese Ebenen farbig gestaltet (orange für die Gegenwart, grün für die Vergangenheit).

Survey I wird den Schülern als Leerschema ausgeteilt, und ihre Aufgabe besteht darin, fortan dieses Schema lektürebegleitend auszufüllen. Da es die Handlung strukturiert, erleichtert es ihnen die Orientierung, zwingt zudem jeden einzelnen, sich relativ genau mit dem Text auseinanderzusetzen und erfüllt dadurch zusätzlich die Funktion der Ergebnissicherung.

Zur folgenden Stunde ist der bisher erarbeitete Textteil pp. 6–28 auszufüllen. Dabei erscheint es durchaus sinnvoll, diese

Act 1: Survey I

Page	6–11	11–18	18–22	23	26	27/28
Place	Willy's house ⟶					
Dominating Characters	Willy Linda	Biff Happy				
Time	1st day	1945 near midnight				
Time			1928			
Dominating Characters			Willy Biff Happy	Willy Linda	Willy Linda the woman	Willy Linda Bernard
Place			Willy's house			

present

past

6–11: Willy returns unexpectedly from a business trip. He seems to be at the end of his tether: he is exhausted, cannot drive his car any more and has been unsuccessful at selling. Willy and Linda are talking about Biff and the tense relationship between father and son. Willy criticizes the fact that Biff has not settled down yet, though he is convinced that Biff will find his way.

11–18: The boys are worried about their father's state and about the fact that Willy often talks to himself. Biff, however, feels that he cannot get near him. – The brothers are dissatisfied with their life so far. Biff has proved unable to keep a steady job; he feels lost. Happy is lonely, although he has achieved what he has always wanted: a car, an apartment of his own and plenty of women. They think of buying a ranch together. Biff decides to ask Bill Oliver for a loan.

18–22: Willy, Young Biff and Young Happy are polishing the Chevy. Willy seems not to be affected when he learns that Biff has stolen a football. The boys idolize their father when he boasts about his selling success and popularity throughout New England. – Bernard warns them that Biff will fail maths if he doesn't study. Willy, however, is lenient, counting on Biff's personality.

23: Willy brags to Linda about his big sales. At the same time he confesses to her that he does not feel as sure of himself as he pretends to be but shows signs of self-doubt and loneliness.

26: His conversation with Linda is superimposed by a woman with whom Willy has obviously had an affair.

27/28: Again Bernard appeals to Willy to make Biff study for the exam, but Willy refuses to listen to what Bernard says. Again we learn that Biff has stolen a football and that he often drives the car without a licence. Willy ignores this on account of Biff's personality.

44

28	29/30	31/32	32/33	34	35–36	37–43	44–49	49
Willy Happy	Willy Charley	Willy Charley				Linda Biff Happy	Willy Linda Biff Happy	Willy Biff
night →								
		1928						
		Willy Ben	Willy Ben (Linda)		Willy Ben Young Biff Charley Bernard			

| Willy still feels oppressed by his memories of the past. The hopelessness of his present situation makes him wonder why he did not follow his brother Ben to Alaska. He tells the boys about their uncle Ben and his immense success. | Willy and Charley are playing cards. When Charley offers Willy a job, Willy refuses insisting upon the fact that he has a good job. He takes pride in his manual work and calls Charley disgusting because he is not able to handle tools. | Ben appears (past). While Willy continues playing cards with Charley (present), he is talking with Ben at the same time (simultaneity of past and present). The overlapping of the two conversations leads to a misunderstanding and makes Charley leave. | Alone with Ben, Willy tries to find the key to Ben's success. | When asked to talk about "the kind of stock they spring from" Ben tells the boys about his and Willy's father. | Charley re-enters. He and Bernard warn Willy not to tolerate Biff's stealing any longer. Before leaving Ben, however, reassures Willy that he is bringing up his boys in the right way. | The boys are concerned about Willy's state of mind. Linda reproaches them for their apparent indifference towards their father. She wonders why Willy and Biff are so hateful to each other and finally appeals to the boys to show more attention to and respect for their father. Finally she discloses the fact that Willy has tried to kill himself. | Again Willy and Biff argue. When Biff tells his father about the brothers' plan of selling sporting goods together and promises to see Bill Oliver the next morning, Willy's hopes are reinforced. Optimistically he advises Biff not to be too modest. They all go to bed. | Upstairs: Willy remembers Biff's days of glory as a football star. Downstairs: Biff draws out a length of rubber tubing from behind the heater. |

Act 2: Survey II

Page	50–53	54–59–59/60	60–61/62–64	64/65–68–71	71/72–73–74–76–78
Dominating Characters					
Place					
Place	Willy's house	Howard's office		Charley's office	Stanley's restaurant →
Dominating Characters	Willy Linda / Linda Biff	Willy Willy Willy / Howard Howard		Willy Willy / Bernard Charley	Happy Happy Happy Willy / Stanley Girl Biff Biff / Biff Happy
Time	next morning →			evening →	
Time			1928		
Dominating Characters			Willy Willy / Ben Biff / Linda Happy / Bernard / Charley		
Place					

Legend:
- present
- past
- imagination

Column 1 (50–53): There is a hopeful and optimistic atmosphere. Willy is sure that he will persuade Howard. Linda tells him that Biff and Happy have invited him to dinner that night.

Column 2 (54–59–59/60): Willy asks Howard for a higher salary and a job in the town. Howard, however, shows more interest in his new tape recorder than in Willy's predicament. When Willy reminds him of the promises Howard's father made, and of former values, such as comradeship, respect and gratitude, Howard is totally ignorant of the past. Leaving him alone in the office he allows Willy a few minutes' rest. Then he comes back, advises Willy to ask his sons for help and finally discharges him altogether.

Column 3 (60–61/62–64): Left alone in the office, Willy turns to Ben questioning him about his secret of success. Ben advises Willy to follow him to Alaska, but Linda wants him to stay. – Enter the boys; they all prepare for Biff's big game in Ebbets Field. Bernard and Happy are eager to carry his helmet. Willy affirms his belief in Biff's future greatness.

Column 4 (64/65–68–71): Willy meets Bernard as a lawyer; married; two sons; successful. Bernard wonders why Biff never succeeded at anything and what had happened to him that day when he returned from visiting Willy in Boston. Willy becomes angry and evasive. – Willy asks Charley for a loan. When Charley offers him a job, Willy refuses.

Column 5 (71/72–73–74–76–78): Biff informs Happy that his visit to Oliver has proved a failure; he has stolen Oliver's pen and ran away.

Willy enters and tells his sons that Howard has fired him.

46

79/80−80−81−82/83	84−85−86/87−87/88	88/89	89−91	91/92	93/94−94−97	98−99	99/100
				Willy Ben		Ben Willy	
				garden			

Willy's house ⟶

| | Willy Biff Happy | | Girls | | Willy Stanley | Linda Biff Happy | | Willy Biff Linda Happy | Willy Linda | Willy Linda Biff Happy Bernard Charley |

later the same evening ⟶

1928 ⟶

| Linda Bernard | operator's voice | page's voice | Woman's voice | Willy Woman | Willy Biff | Willy Biff Woman | Willy Biff | | | | |

Boston Hotel ⟶

Although Biff tries hard to tell the "truth", Willy will not listen; instead he is reliving the past:

Bernard (as a boy) tells Linda that Biff has failed in maths and went to see Willy in Boston.

The dialogue between Willy and the boys (present) is continually interrupted by the operator's and the woman's voices (past). Biff is horrified by Willy's state of mind.

They are joined by two call-girls. − Biff leaves unable to communicate with Willy and to make him face reality. Happy follows, leaving Willy behind and denying that he is their father.

Repeated knocking. When Willy opens the door, Biff appears finding him in the woman's company.

This seems to be the turning point in Biff's life: The god-like image of his father is destroyed; he calls him a liar and a fake and refuses to go back to highschool.

Willy also exits; he wants to buy seeds in order to plant something.

Linda attacks the sons for having abandoned Willy in the restaurant; she tells them to leave the house. − Meanwhile Willy is out in the garden planting vegetables by torchlight.

Willy is holding an imaginary conversation with Ben. He asks Ben's advice on his plan to commit suicide so that Biff can receive the insurance money. Ben warns him that Biff might call him a coward. Yet Willy is sure that Biff will admire him and no longer be spiteful.

Biff tells Willy that he is going to leave for good, thus causing the final argument between father and son. He takes out the rubber tube and blames Willy of having him filled with "hot air". In fact, he has been in jail for having stolen; meanwhile he has realized that the Lomans are ordinary beings. He begs Willy to abandon his false dreams, then breaks down in tears and goes to bed.

Full of astonishment Willy regards Biff's tears as evidence of his love. He is now determined to help Biff with the insurance money. Happy and Linda go to bed, too. − Ben reappears and in an imaginary discussion he confirms Willy's idea. Recalling again that afternoon of Biff's success as a football hero he rushes out of the house.

Linda hears Willy driving off with his car at full speed. Preparations for the funeral.

47

Hausaufgabe arbeitsteilig zu vergeben, etwa aufgeteilt nach den Seiten 6–18 (Ebene der Gegenwart) und den Seiten 18–28 (Ebene der Vergangenheit).

6. Stunde:
The Function of the Timeshifts

Didaktische Vorbemerkungen
vgl. 5. Stunde

Notes on Interpretation vgl. 5. Stunde

Unterrichtsverlauf

1. Schritt:
The second timeshift:
Simultaneity of past and present action

Die Stunde beginnt mit der Überprüfung der Hausaufgabe. Ein oder mehrere Schüler tragen ihre Vorschläge vor, wie die Handlungsübersicht (pp. 6–28) ausgefüllt werden könnte.

Diese Unterrichtsphase sollte man zeitlich nicht zu knapp bemessen, da allein die unvermeidbare Korrektur der üblichen Sprachfehler gewisse Zeit beansprucht.

Um dann im folgenden Verlauf die Rückblendentechnik weiterhin erarbeiten zu können, wenden wir uns dem sogenannten *card game*, dem Gespräch zwischen Willy und Charley bzw. Willy und Ben zu (Text: pp. 28–32). Zwar kann das sprachliche Verständnis vorausgesetzt werden – die Hausaufgabe am Ende von *Unit 2* (4. Stunde) wurde entsprechend gestellt –, doch da das Neuartige gegenüber der 1. Rückblende, nämlich die Gleichzeitigkeit verschiedener Zeitebenen, vermutlich nicht alle Schüler beim ersten Lesen erfaßt haben, soll dieser Textabschnitt nochmals zu Beginn dieser Arbeitsphase gelesen werden. Eher noch als lautes Lesen wäre hier ein Tonträger hilfreich, dem Schüler zu verdeutlichen, daß der Dialog Willy/Charley einerseits und der zwischen Willy und Ben andererseits auf verschiedenen Zeit- und Bewußtseinsebenen simultan abläuft.

In jedem Fall aber soll die Lektüre dieser zweiten Rückblende unter einer gezielten Fragestellung erfolgen, die bereits auf diese Überlagerung der Zeit- und Bewußtseinsebenen hinausläuft. Deshalb erläutert der Lehrer, daß Miller ursprünglich an den Titel *The Inside of His Head* gedacht habe. Dazu genügt u. U. ein einziger Satz; doch könnte man auch den gesamten Auszug aus den *Collected Plays* verlesen (vgl. *Notes on Interpretation*) oder ihn der Klasse auf einer Folie zugänglich machen. Während der Lektüre sollen sich dann die Schüler mit der Frage befassen: *Explain why 'The Inside of His Head' could have been an appropriate title of the play.*

Millers ursprüngliches Konzept vom Inneren eines Kopfes ist ein hilfreicher Impuls, der den grundsätzlichen Unterschied zwischen den beiden Vergangenheitssequenzen, nämlich die Überlagerung verschiedener Zeitebenen sowie verschiedener Handlungsabläufe, hervorzuheben vermag.

Und hat ferner der Schüler einmal erkannt, daß Charley den verstorbenen Bruder Ben nicht wahrnimmt, hat er im Grunde genommen auch schon erfaßt, daß das Bühnengeschehen in dieser Szene *teilweise* die Realisierung von *Willy's mind* ist.

Die weitere Frage (*What is it what we really see on stage, whenever Willy recollects the past?*) ergibt sich als unmittelbare Schlußfolgerung aus dem vorhergehenden Schritt. Sie führt zu der Feststellung, daß es sich bei diesen Rückblenden letztlich um nichts anderes handelt als um *the process of Willy's mind*, den Miller auf der

Bühne darstellt und in den er den Zuschauer miteinbezieht.

Im Gegensatz zum Zuschauer werden Willy diese verschiedenen Zeitebenen jedoch nicht bewußt, so daß er sich zumindest vorübergehend in der Wirklichkeit von Zeit und Raum nicht mehr zurechtfindet. Die Ebene der Gegenwart entspricht dann dem, was man als *normal state* bezeichnen könnte, die der Vergangenheit bzw. die der Überlagerung eher einem *abnormal state*, so daß es Miller durch die Dramatisierung dieser verschiedenen Zeitebenen gelingt, Lomans unterschiedliche Bewußtseinsebenen zu verdeutlichen und ihn auf diese Weise als pathologische Persönlichkeit zu kennzeichnen (vgl. *Notes on Interpretation*).

2. Schritt:
Point of view in DS

Die Frage nach den Gründen einer derartigen Dramentechnik ist nunmehr bereitet und schließt sich daher nahtlos an den vorausgehenden Schritt an. Sind die Schüler dem Unterrichtsablauf bis zu diesem Punkt logisch gefolgt, können sie unschwer Millers eigene Bedenken erahnen, die ihn veranlaßt haben, den ursprünglichen Titel fallen zu lassen; ggf. könnte der Lehrer den einen oder anderen Gesichtspunkt ergänzen. Eventuell wird es erforderlich sein, der Klasse den Begriff *point of view* näher zu erläutern, doch dann müßte deutlich geworden sein, daß es sich bei jeder Zeitverschiebung gleichzeitig um eine Verschiebung der Perspektive handelt, aus der die Handlung dargeboten wird. Man darf dann erwarten, daß der Schüler Gründe für Millers spezifische Dramentechnik anführen kann und erkennt, daß Millers vorrangiges Interesse eher Lomans Psyche (*internal action*) gilt als dem Ablauf äußerer Handlung (*external action*); daß ihm schließlich diese spezifische Darbietungsform als Mittel der Psychologisierung dient, da der Zuschauer Lomans *process of mind*, d. h. die Verschmelzung von Gegenwart und Vergangenheit, unmittelbar auf der Bühne miterlebt und auf diese Weise einen tieferen Einblick in die Psyche der Hauptfigur gewinnt.

Abschließend oder auch unterrichtsbegleitend soll dann der TA *The function of the timeshifts* das Ergebnis dieser *Unit* sichern.

3. Schritt:
The second timeshift continued

Der letzte Schritt hat lediglich die Funktion, diese zweite Vergangenheitssequenz zu beenden und die Übersicht *Survey I* dem Stand der Lektüre entsprechend (pp. 28–36: "*Ben is gone*") zu ergänzen. Man könnte diesen Schritt im Grunde genommen auch als Hausaufgabe stellen, sollte aber berücksichtigen, daß deren Kontrolle dann nicht nur den Einstieg in die ohnehin recht zeitaufwendige Gruppenarbeit in *Unit 4* (8./9. Stunde, 1. Schritt) verzögert, sondern daß es dort in der 7. Stunde durch den erneuten Wechsel von der Vergangenheits- zur Gegenwartsebene (p. 36) im Verlauf des 1. Schritts auch zu einem inhaltlichen Bruch käme.

In jedem Fall sollte man diesen Textabschnitt jetzt zügig bearbeiten und sich nicht mit weiteren Details befassen. Beispielsweise kann man auf eine nähere Charakterisierung Bens verzichten, die sich hier u. U. anbietet, oder auf dessen zweifellos wichtige Beschreibung des Vaters; auf beide kommen wir an späterer Stelle (*Unit 5*, 11./12. Stunde) im Zusammenhang mit Willys Leitbildern zurück.

Hausaufgabe

Die Hausaufgabe setzt den letzten Unterrichtsschritt fort.

Die Schüler lesen die Seiten 36–49 und füllen die Übersicht „Survey I" lektürebegleitend aus. Diese restlichen Seiten des 1. Aktes sollen unter der Fragestellung gelesen werden: *How are the main problems continued throughout Act I?*.
Auf diese Weise haben wir mit *Unit 3* auch den 1. Akt beendet. Zwar muß dieser Abschnitt zu Beginn von *Unit 4* noch besprochen werden, doch können wir, wenn das Textverständnis schon vorausgesetzt werden kann, relativ zügig in die Problematik von *Unit 4* einsteigen und uns dem 2. Akt zuwenden.

Unit 4
The Impact of the Past

7. Stunde:
The Catastrophe Foreshadowed

Didaktische Vorbemerkungen zur 7.–9. Stunde

Nach Beendigung von *Unit 3* (5./6. Stunde) sind die Schüler mit der Tatsache vertraut, daß der Vergangenheit eine besondere Bedeutung zukommt. Sie wissen, daß Loman zeitweilig vor den drängenden Problemen der Realität in die Vergangenheit flüchtet, und auch die Absicht des Autors, nämlich *the presentation of Loman's inner life*, die sich hinter der Darstellung dieser erinnerten Vergangenheit verbirgt, wurde bereits thematisiert. Darauf aufbauend wollen wir uns in den Stunden 7–9 weiterhin damit beschäftigen, *Loman's inner life* zu analysieren und zu fragen, welches die entscheidenden Faktoren waren, die seinen bereits in *Unit 3* diagnostizierten *abnormal state of mind* hervorgerufen haben. Am Ende dieser Interpretation sollen die Schüler erkennen, daß es sich bei Willy Loman um eine desintegrierte Persönlichkeit handelt, die dem Druck der Realität nicht stand zu halten weiß und den Auswirkungen der Vergangenheit zum Opfer fällt.

Im Vertrauen auf die „Kausalität als eine der mächtigsten Triebfedern des Theaters" (Lübbren, S. 28) erweist sich Miller hier, wie auch in seinen anderen Dramen, als Analytiker, was ihn auch in *DS* zur analytischen Form führte. Gero von Wilpert definiert ein analytisches Drama als

„ein Schauspiel, dessen Bühnengeschehen nicht die ganze Reihe der Ereignisse, die zum tragischen Konflikt führen, umfaßt, sondern nur ihre letzten Auswirkungen, die Zuspitzung zur Katastrophe, während die eigentliche Handlung vor seinem Beginn liegt und sich im Laufe des Spiels langsam den ahnungslos Handelnden wie den Zuschauern enthüllt."
(Sachwörterbuch der Literatur, ^{5}1965, S. 25)

Dementsprechend ist in *DS* der Ausgang schon entschieden; es muß nur noch die Vorgeschichte enthüllt werden. Loman hat sein Ende praktisch schon zu Beginn der Handlung erreicht (es liegen nur knapp 24 Stunden zwischen Beginn des Bühnengeschehens und der endgültigen Katastrophe), und die „letzten Auswirkungen" zeigen sich darin, daß die Vergangenheit sich immer mehr seiner bemächtigt, bis sie schließlich die Gegenwart verdrängt. Doch abweichend vom herkömmlichen analytischen Drama (beispielsweise in Ibsenscher Manier) geht es in *DS* nicht allein darum, ein konkretes Ereignis der Vergangenheit aufzudecken, aus dem der Protagonist Konsequenzen ziehen muß. Denn Loman ist nicht der „ahnungslos Handelnde", dem sich „die eigentliche Handlung ... im Laufe des Spiels ... langsam enthüllt."
Es handelt sich hier – abweichend von dieser Definition – bei der Enthüllung vergangenen Geschehens lediglich um einen

Klärungsprozeß für den Zuschauer, dem die Vorgeschichte verdeutlicht wird, die Ursachen für die jetzige Situation. Willy Loman dagegen bleibt in seiner subjektiven Welt der Illusion befangen, erliegt schließlich der Übermacht der Vergangenheit und seiner Illusionen, und wird dadurch von Miller als Psychotiker gekennzeichnet.

Folglich besteht das Hauptziel des Unterrichts darin, die Aufmerksamkeit der Schüler von einer etwaigen Gespanntheit auf den äußeren Handlungsverlauf sowie den Dramenausgang umzulenken hin zu dem tatsächlichen Anliegen des Autors, d. h. sie sollen Einsicht gewinnen in die Ursachen und Zusammenhänge für Lomans von Anfang an unvermeidliches Scheitern. Sie sollen erkennen, daß Miller dem Zuschauer einen zeitlichen Prozeß sichtbar machen möchte, der lange vor Beginn der eigentlichen Dramenhandlung eingesetzt hat und den er jetzt lediglich zu Ende führt.

Zu Beginn der 7. Stunde wollen wir zunächst die Interpretation des 1. Akt abschließen (1. Schritt: *The Loman Family [continued]*). Um zu zeigen, welche Auswirkungen die Vergangenheit auf Lomans gegenwärtigen Zustand hat, fordern wir anschließend die Schüler auf, den weiteren Handlungsverlauf zu antizipieren. Wir lassen die Schüler begründen, daß und weshalb Loman am Ende Selbstmord begeht, und welche Stationen er bis dahin im einzelnen noch durchlaufen wird. (2. Schritt: *The inevitability of Loman's death*). Auf diese Weise sollen sich die Schüler darüber klar werden, daß sie im Hinblick auf den weiteren Handlungsverlauf kaum noch wesentliche Informationen zu erwarten haben, denn Lomans Handlungen sind „spärlich, voraussehbar, irrelevant" (Lübbren, S. 50).

Dieser Schritt aber muß notwendigerweise Konsequenzen für das weitere methodische Vorgehen nach sich ziehen. Denn wenn man einem Schüler auf der einen Seite die Neugier auf den Ausgang der Handlung vorsätzlich nimmt, kann man andererseits kaum erwarten, daß er das betreffende Drama noch mit Interesse zu Ende liest. Und wenn zudem das Ziel der Textarbeit darin besteht, das Bild des psychischen Zustands Willy Lomans mosaikartig zu erstellen und sich die Ursachen für diesen Zustand bewußt zu machen, dann wird auch die Reihenfolge der weiteren Szenen, d. h. der einzelnen Etappen bis zu seinem Selbstmord, unwichtig für die Interpretation.

Aus diesen Gründen wird im weiteren Unterrichtsverlauf (8./9. Stunde) die chronologisch ausgerichtete Lektüre und Interpretation aufgegeben zugunsten einer vertiefenden Charakterisierung der Hauptfigur nach thematisch übergreifenden Gesichtspunkten. Die Grundlagen für das Verständnis des weiteren Handlungsablaufs sind nun gelegt, und nach der Behandlung der Rückblendentechnik in *Unit 3* ist den Schülern die selbständige Lektüre längerer Textpassagen zuzumuten. Ein fortan extensives Lesen des 2. Aktes unter dem Aspekt *Loman's road to catastrophe* ermöglicht uns die Beschäftigung mit den Kernstellen, die das Spannungsfeld zwischen Willy und seiner Umwelt verdeutlichen. (1. Schritt: *The stages leading up to Loman's unavoidable catastrophe*).

Der 2. Schritt dieser Doppelstunde (*The function of the dramatized past*) dient der Zusammenfassung. Nach der relativ ausgedehnten Überprüfung des Textverständnisses mag mancher Schüler das ursprüngliche Anliegen aus den Augen verloren haben. Daher soll abschließend nochmals gefragt werden, warum Miller die Vergangenheit Lomans analysiert und welche Bedeutung ihr in *DS* zukommt.

Die sich anschließende Hausaufgabe sowie der 3. und letzte Schritt (*The analytical form of DS*) haben lediglich fakultativen Charakter. Sie wurden bei der Zeitplanung und Einteilung in Grobziele nicht berücksichtigt.

7. Stunde:
- abschließende Lektüre und Interpretation des 1. Aktes (Text: pp. 37–49)
- *Antizipieren des Handlungsverlaufs*
- *Hausaufgabe*

8./9. Stunde:
- *Lektüre und Interpretation des 2. Akts* (Text: pp. 50–100)
- *Zusammenfassung*

Notes on Interpretation zur 7.–9. Stunde

Linda's entrance brings us back to the present time level. In a talk between her and the two sons, more light is shed on the father-son-conflict. Here Linda is depicted as somebody who criticizes and accuses her sons, whereas at the beginning of the play her attitude was one of understanding towards them. First of all she criticizes Biff's unsettled way of life ("You can't look around all your life, can you? ... a man is not a bird to come and go with the springtime." p. 38), but most of all she reproaches him for not paying his father the respect he deserves. As already shown at the beginning of the play, Linda shows herself here, too, to be a "loving and loyal wife". She knows Willy's limitations, yet is obviously on his side when she says to Biff: "He's the dearest man in the world to me, and I won't have anyone making him feel unwanted ... You've got to make up your mind now, ... Either he's your father and you pay him that respect, or else you're not to come here." (p. 39)

Furthermore, she cannot understand what there is between Biff and Willy and why they constantly argue. "Why are you so hateful to each other? Why is that?" (p. 38). Biff however does not answer her, and now he himself voices sharp criticism of his father, for example "He's got no character (p. 39) or "He's a fake ..." (p. 41); but when Linda insists on an answer, he once again evades the issue by saying: "It's between me and him – that's all I have to say." (p. 41)

This and similar comments make it obvious that an incident from the past is casting a shadow on the relations between the family members, and that the revealing of this incident is still to come in the course of the play. Meanwhile, Linda tries more and more urgently to make it clear to the sons how things look for their father:

"I don't say he's a great man. Willy Loman never made a lot of money ... But he's a human being, and a terrible thing is happening to him. So attention must be paid." (p. 39)

We now learn that Loman has been working on a commission basis and no longer gets a fixed salary. To make his family still believe that he earns enough, he borrows 50 dollars a week from Charley. This is why Linda is appalled at the way Happy and Biff treat their father with obvious indifference and inconsiderateness:

"How long can that go on? ... The man who never worked a day but for your benefit? When does he get the medal for that? Is this his reward ..." (p. 40)

Finally, she reveals to the two shocked sons that their father has tried to kill himself by purposely causing an accident while driving his car, and urgently appeals to Biff to help him:

"It sounds so old-fashioned and silly, but I tell you he put his whole life into you and you've turned your backs on him. . . . Biff, I swear to God! Biff, his life is in your hands!" (p. 42/43)

When Willy returns, the usual argument between father and son develops., (cf. pp. 44–49) Intending to calm Willy, Happy comes up with one of his usual white lies, namely that Biff has an appointment with Bill Oliver the following morning and that both brothers have the joint idea of selling sporting goods. Driven by the necessity of the situation, Biff finally declares himself willing to go and see about getting a loan from Bill Oliver the following day.

So the first act ends full of confidence and hope of a new beginning in a career, which at the same time could offer the possibility of a turning point in the tense father-son-relationship.

Nevertheless, the development of the day beginning with Act II as well as Willy's further destiny are already decided and inevitable from the very beginning.

Miller explains this in the introduction to his CP:

"The play was begun with only one firm piece of knowledge and this was that Loman was to destroy himself. How it would wander before it got to that point I did not know and resolved not to care. I was convinced only that if I could make him remember enough he would kill himself, and the structure of the play was determined by what was needed to draw up his memories like a mass of tangled roots without end or beginning." (CP, p. 25)

As a logical result of this, the action in *DS* does not head towards a climax: Loman has practically already reached his end at the beginning of the play. As the action continues new connections and aspects do come to light for the audience („die letzten Auswirkungen, die Zuspitzung zur Katastrophe" vgl. G. von Wilpert), but the audience's interest is hardly aroused through curiosity concerning external suspense. We can see in advance that the Lomans' customary optimism at the end of Act I will turn out to be unfounded. Of much greater importance is, therefore, the question: How will Miller draw this net of memories and past events tighter around Loman? Which incident or rather the memory of which incident will finally trigger off his suicide?

Let us first of all follow the external action of Act II. This consists of a small number of more or less foreseeable stages on Loman's unavoidable road to catastrophe. The first of these stages is Howard's office. It is hardly a surprise to the audience that Loman is fired by his employer Howard (for a more exact interpretation cf. Unit 6). As usual Loman tries to flee from the pressing reality of this dismissal by returning to the past and questions his brother Ben about the secret of his success. By doing this he recalls Ben's last visit, when the latter suggested to Willy that he go with him to Alaska. Backed up by Linda, Willy decided to stay. He set his hopes on Biff and his promising future, based on Loman's ideal of "being well-liked" (cf. p. 61).

To be able to deny his failure in his job in the present and still hand over his "income" to Linda, the next stage (on his road to catastrophe) takes him to Charley, from whom he borrows money once again (second stage leading to Willy's suicide). Still captivated by his thoughts of Biff's successful football game at Ebbets Field, Willy is hardly in control of himself in Charley's office. The unsporting, "anemic" Bernard in Willy's memories of the past has now become the successful and well-to-do Bernard of the present. He is now a lawyer, married with two children and, as the tennis rackets clearly show, he also now takes part in sporting events. Bernard seems to hold the key to success, and so this meeting makes Willy feel his own as well as Biff's lack of success all the more painfully; by emphasizing the contrast between Bernard's and Biff's career developments the meeting serves to bring Loman closer to his physical end.

Also the fact that he turns down Charley's offer of working for him merely confirms the fact that he has practically already reached this end: he is beyond advice and change and is still incapable of looking at his situation realistically and of taking the only decision still open to him. Not last of all, his behaviour confirms how relatively unimportant and irrelevant such possibilities of making decisions are: it is rather the ongoing clash of illusion and reality inside Willy's mind which determines the further course of events.

Only the episode at Boston (pp. 79–88), which is part of the following restaurant scene (3rd stage), seems to contradict the so far predictable course of events. When Biff tells Willy about his unsuccessful visit at Bill Oliver's he destroys Willy's last hope, so that he finally cannot stand up to Biff's desperate attempt at finally telling the truth. Biff's lack of success and his own feelings of guilt force upon Willy the memory of that day when Biff failed his exam. With the confidence that his father can change the exam result, Biff goes to Boston hoping to convince Willy to come home to talk to his teacher. Biff goes to see him in Boston. The idealized father-image as well as the world of values which Willy built up for Biff are, however, both destroyed when Biff surprises his father with another woman in the hotel room. Since Biff has no moral concepts of his own, this experience triggers off a drawn-out crisis, which he can only overcome by mentally detaching himself from Willy and his world of values. If we can speak at all of high points in the action in Act II, then we have at best a genuine heightening of the action in this episode. As in a conventional analytical drama this "Boston Hotel Scene", after a series of hints, assumes the function of exposing Loman's guilt to the audience. The real cause of the conflict between father and son as well as the reasons for Biff's insecurity and his failure, which up to now have been unknown, are revealed here on the past time level, and explained by the father's adultery and the son's estrangement which results from this.

At the end of this restaurant scene" (present time level) Willy is left to his feelings of despair first of all by Biff and then by Happy, too. Thus, the way to the final catastrophe is now prepared.

The ensuing argument between father and son takes place in the Loman's house (4th stage). Biff rejects his father's dreams once and for all. He claims that at Oliver's office, after hours of waiting, he has learned something about himself: that he is not cut for the competitiveness of business and not made to stay in the city (*"Why am I trying to become what I don't want to be? What am I doing in an office, ...?"*, p. 96). He tries once more to make his father face their own insignificance (*"Pop! I'm a dime in a dozen, and so are you!"*, p. 97) and tear him away from his world of illusion. Yet Willy is beyond understanding or change, but repeatedly accuses his son of spite. When finally Biff bursts into tears, Loman recognizes his son's earlier affection for him. This certainty of Biff's love for him makes him more determined than before: he commits suicide, driven by the mad idea of being worth more dead than alive; he is determined to help his son to achieve his longed-for success with the money from his life insurance, thus still being able to wrest respect and admiration from him.

But let us now have a closer look at the question just how these events leading up to the catastrophe have come to a head, and what the actual decisive moment was which finally pushed Loman to his suicide.

As in a conventional analytical drama the most important events of the play are to be found before its actual opening on stage. These stages along Loman's road to catastrophe have already shown that the course the events in the play would take had basically already been determined before the play began. A prolonged exposition, which in an analytical drama corresponds to practically the whole course of events, gradually reveals the missing information relevant to happenings prior to the opening of the play. In the course of this revelation the past overshadows the present more and more, until the former has finally caught up with the latter and completely dominates Loman's behaviour. As mentioned before in the "Boston Hotel Scene" the consequences of the past reach their climax and make Loman live through the disastrous incident once again, when his son discovered his adultery. Indeed, this traumatic experience has a key function in the understanding of present conflicts; yet Miller's intention is not to restrict himself exclusively to revealing the father's adultery. Unlike in "All My Sons" or Ibsen's analytical dramas, Loman's guilt does not become manifest – as Joe Keller's does – in this one solitary offence committed at a definite time in the past; it reveals itself much more in a drawn-out *series of events* which have already begun 17 years before, are still going on at the start of the action, and have now entered a crucial stage (cf. Jochems, p. 83).

Therefore, in DS it is a question of showing the various consequences of the whole of this period of time, since here we are concerned with the overall condition of Willy Loman, who is under the power of his memory. In order to make this power and influence on Loman's overall condition more clear, Miller combines the purely temporal analysis of the conventional analytical drama with a psychological analysis of Loman's inner life. This, however, requires the special flashback technique, since words alone are no longer revealing enough when it comes to showing mental development. Therefore the action in the present is confined to Loman's last day alive (i.e. to the culmination of the catastrophe), yet incorporates scenes from his life 17 years ago. By comparing these subjective memory scenes with the objective present again and again, Miller shows clearly in just how far past events are responsible for Loman's present situation and, as it were, provides the audience with the "commentary", according to Jochems, necessary for an understanding of the present.

From this comparison of both time levels the audience can further recognize that already in the past Loman was at the mercy of this constant clash of illusion and reality, i.e. the gap between his subjective world and the objective one, and that in this respect he has remained unchanged and equally unrealistic on both time levels.

Here one must agree with Jochems (p. 87), when he rejects the assertion of some critics that "through the very act of remembering Loman comes to terms with the failures in his life; that through a sort of self-therapy, as it were, he manages to recognize and understand his guilt". On the contrary: Loman appears more as the victim of his memory, since he is involuntarily overpowered by the images of his past (cf. *Unit 3*); these images become so dominant that they prevent Loman more and more from entering the present and reality, and as a result finally trigger off his suicide. In DS there is no question of a dawning of consciousness or of an overcoming of the problem, as might be the case if someone deliberately analyses his past. At the end of the play Loman is blinder than ever before. His suicide can hardly be understood as an act of desperation or resignation; it shows rather that Loman carries on holding onto the wrong dream of easy success, and in no way gains an insight into the falseness of this dream which Biff desperately tries to convey to him (cf. Groene, Jochems among others).

This becomes particularly clear in the figure of his dead brother Ben. Immediately before Willy's suicide (pp. 91/92 and p. 99) Ben appears once again. However, in contrast to the appearance made up to now, the Ben of this scene is no longer a figure which stems exclusively from Willy's memory; we can more reasonably assume that he is the product of Willy's "hallucination" (Hagopian, S. 117) or "a creation of Willy's fancy" (Welland, p. 43), or that here Willy's memory and imagination merge together so much that Willy finally decides in favour of his dreams (cf. Jochems, S. 83). Insofar as here, at the end of the play, memory and imagination both have the same degree of reality as the real present, Miller succeeds in showing Loman's advanced psychosis. The actual significance is therefore removed from Loman's suicide: it does not appear as a heightening of the dramatic action, but merely as a consequence of his abnormal condition. (cf. P. Goetsch, Death of a Salesman, p. 216)

Unterrichtsverlauf

1. Schritt:
The Loman Family (continued)

Der 1. Schritt behandelt die letzte Sequenz des 1. Akts (pp. 36–49), wobei wir wieder an die Interpretation von *Unit 1* und *2* anknüpfen und damit fortfahren wollen, das Verhältnis der Familienmitglieder zueinander zu betrachten.

In Verbindung mit der gezielten Fragestellung, unter der die Hausaufgabe zur heutigen Stunde vorgegeben wurde, dürfte ein zügiges Unterrichtstempo gewährleistet sein.

Wir wenden uns zunächst dem Textabschnitt pp. 36/37–43 zu und lassen die Schüler Lindas veränderte Haltung Happy und Biff gegenüber entnehmen. Ferner sollen sie Lindas Verhalten gegenüber Willy beschreiben, das sie noch deutlicher als zu Beginn des Dramas als ergebene, treue Ehefrau kennzeichnet. Zwar kennt sie durchaus Willys Grenzen, ergreift jedoch eindeutig seine Partei (*You've got to make up your mind ...*, p. 39) und eröffnet schließlich den Söhnen die Wahrheit über Willys gegenwärtigen Zustand (vgl. *Notes on Interpretation*).

Das bis hierher erarbeitete Interpretationsergebnis wird durch einen TA gesichert (Schüler: Matrize/Lehrer: Folie). Er veranschaulicht Lindas und Biffs Positionen und hält die wesentlichen Punkte fest, mit denen Willys derzeitige Konfliktsituation von Linda beschrieben wurde. (1. Phase des TA *The impact of the past*; cf. *the end of Act I*).

Wir beschließen den 1. Akt mit der Interpretation des Streitgesprächs zwischen Willy und Biff (Text pp. 44–49). Die Frage nach der Grundstimmung am Aktschluß soll den Schülern die Wirkung klarmachen, die Miller, einem klassischen Dramatiker vergleichbar, mit der vorläufigen Verzögerung der Katastrophe hervorruft. Infolge einer gewissen Verblüffung mag das Interesse manch eines Schülers für den weiteren Dramenverlauf steigen, wenn er im nächsten Schritt dazu angeleitet wird, trotz dieser optimistischen Grundstimmung das tragische Ende in all

seinen Etappen als ein selbständiges Gedankenmodell vorwegzunehmen.
Abschließend wird die Übersicht *Survey I*, die die Schüler bereits bis zum Ende des 1. Akts in häuslicher Vorarbeit ausgefüllt hatten, überprüft und ggf. ergänzt.

2. *Schritt:*
The inevitability of Loman's death

Jetzt wenden wir uns wieder dem TA *The impact of the past* zu, der die Basis des folgenden Unterrichtsschritts bilden und im Verlauf dieser Stunde weiter vervollständigt werden soll. Wir fassen noch einmal kurz zusammen:
Soweit der TA bisher erstellt wurde, zeigt er Linda, Willy und Biff, verdeutlicht ihre jeweiligen Positionen sowie ihre Beziehung zueinander.
Darauf aufbauend sollen nun die Schüler untersuchen, ob aus der Perspektive des Zuschauers die hoffnungsvolle Grundstimmung am Ende des 1. Akts tatsächlich gerechtfertigt erscheint. Welche derzeit noch offenen Fragen und ungelösten Probleme muß Miller im 2. Akt beantworten? Wie muß bei objektiver Beurteilung der Sachlage die Dramenhandlung weiterlaufen? Die Schüler werden aufgefordert, ihre Erwartungen zu äußern, sollten jedoch unbedingt dazu angehalten werden, ihre Mutmaßungen auch zu begründen. Dies kann u. U. schon zu einer eingehenden Diskussion über Loman und dessen Persönlichkeit führen. Doch um gerade bei literarisch noch wenig geschulten Klassen (etwa einer 11. Klasse) allzu kühnen Spekulationen vorzubeugen, empfiehlt es sich, nur solche Fragen formulieren zu lassen, die sich unmittelbar aus dem Tafelbild ergeben, z. B.: *Willy: off salary, working on commission, borrows money from Charley. Will there be a solution to his job difficulties?*
Diese von den Schülern formulierten Fragen werden fortlaufend im Tafelbild ergänzt. (2. Phase des TA: *problems/questions*)

Nunmehr müßte es den Schülern klar werden, daß Loman bei Howard erfolglos sein und einen neuen Selbstmordversuch unternehmen wird; denn daß er am Ende stirbt, geht nicht zuletzt bereits aus dem Titel des Dramas hervor. Offen bleibt allein die Frage, welches das auslösende Moment für seinen Selbstmord sein wird – sein berufliches Versagen oder eine neue Enttäuschung mit Happy und Biff. Ebenso läßt sich unschwer erahnen, daß Biff, aus welchen Gründen auch immer, das Geld von Bill Oliver nicht erhalten und damit auch Willys, Lindas und Happys Hoffnungen vereiteln wird. Lediglich die bisher noch ungeklärten Ursachen für Biffs Haltlosigkeit und den Konflikt zwischen Vater und Sohn können beim Zuschauer noch eine Neugier auf den weiteren Verlauf der äußeren Handlung erzeugen (vgl. *Notes on Interpretation*). Denn nun ist ersichtlich geworden, daß die Entwicklung des Dramas nicht nur nach vorn auf die Erwartung zukünftiger Handlung ausgerichtet ist, sondern vielmehr auf die Erhellung vergangenen Geschehens. Und nicht zuletzt durch die visuelle Stütze des Tafelbildes wird deutlich, daß wir als Höhepunkt des 2. Akts die Aufdeckung der Ursachen für den Vater-Sohn-Konflikt zu erwarten haben, die derzeit noch in der Vergangenheit verborgen liegen.
Ein Zitat Millers (cf. *Notes on Interpretation*) kann den Schülern bei ihren Mutmaßungen helfen. Ferner ist es geeignet, die dramatische Intention des Autors nochmals zu betonen: nicht die Spannung auf den Ausgang, sondern eben das zentrale Anliegen dieser Unit, *the impact of the past*, bestimmt den weiteren Handlungsverlauf. Die Schüler sollen erkennen, daß Miller im Verlauf des 2. Akts aufzeigen wird, welche Auswirkungen und welche

Macht vergangenes Geschehen auf den Zustand eines Einzelnen ausüben kann, bis schließlich die Erinnerung die Gegenwart gleichsam ausschaltet, ihn in seinem Handeln völlig beherrscht und schließlich seinen Tod auslöst.

Dementsprechend soll der 2. Akt unter der Fragestellung gelesen werden, wie Miller im einzelnen die von den Schülern selbst aufgeworfenen Fragen auflöst, d. h. wie die in Willys Innerem fortwirkende Vergangenheit allmählich immer weiter in die Gegenwart hineingetragen wird, bis sie ihn schließlich in den Selbstmord treibt. (cf. 8. Stunde, 1. Schritt: *The stages leading up to Loman's unavoidable catastrophe*)

Der Lehrer sollte diesen Schritt abschließen, indem er die von den Schülern geäußerten Vermutungen über den weiteren Handlungsverlauf selbst zusammenfaßt. Diese Zusammenfassung gibt ihm nochmals die Gelegenheit, auf das zentrale Anliegen Millers zu verweisen und damit gleichzeitig seine Entscheidung zu begründen, weshalb das Stück fortan extensiv gelesen und arbeitsteilig behandelt werden soll.

Hausaufgabe

Die Hausaufgabe dient der Vorbereitung der 8./9. Stunde. Die Schüler sollen den Text bis zum Ende des 2. Akts lesen. Da aber die gedanklich bereits vorweggenommenen Etappen bis zum Selbstmord im Grunde genommen nur noch „abgehakt" zu werden brauchen (ausgenommen allenfalls die zentrale Szene in Stanleys Restaurant), wird die Ergebnissicherung einzelner Textabschnitte arbeitsteilig auf 4 verschiedene Gruppen übertragen. Folgende Unterteilung bietet sich an:

Group I: *Howard's office*, pp. 50–59/60; 60–64
Group II: *Charley's office*, pp. 64–71
Group III: *Stanley's restaurant*, pp. 71–89
Group IV: *Final argument between Willy and Biff,* pp. 89–100

Jede Gruppe erhält den Auftrag, den betreffenden Textabschnitt unter dem Aspekt *The stages leading up to Loman's suicide* zusammenzufassen und den Verlauf der verschiedenen Zeit- und Bewußtseinsebenen zu erläutern. Schließlich soll ein kurzes *summary* der entsprechenden Textstellen von ca. 3–5 Sätzen geschrieben werden, das später in das vorgegebene Schema *Survey Act II* übernommen werden kann. Ein Leerschema für den 2. Akt muß den Schülern rechtzeitig ausgeteilt werden.

Es wird ratsam sein, je nach Leistungsfähigkeit der Klasse die zu bearbeitenden Textabschnitte von vornherein unter entsprechenden Leitfragen zusammenfassen zu lassen (vgl. Stundenblatt, 1. Schritt). Und nicht zuletzt könnte man schon bei der Aufteilung in die betreffenden Arbeitsgruppen etwaigen Schwierigkeiten vorbeugen, indem z. B. Gruppe IV nur von leistungsstarken Schülern gebildet wird, denen zuzutrauen ist, daß sie die neue Bewußtseinsebene der Halluzination erfassen (deshalb wurde in der Übersicht *Survey II* eine dritte Ebene vorgesehen, vgl. *Notes on Interpretation*). Auch die zentrale Szene in Stanleys Restaurant sollte, um ein weiteres Beispiel zu nennen, nicht unbedingt an Schüler mit deutlichen Interpretationsschwächen vergeben werden.

8./9. Stunde:
The Road to the Catastrophe

Didaktische Vorbemerkungen
vgl. 7. Stunde

Notes on Interpretation vgl. 7. Stunde

Unterrichtsverlauf

1. Schritt:
The stages leading up to Loman's unavoidable catastrophe

Dieser Schritt ergibt sich unmittelbar aus der Hausaufgabe. Ein oder mehrere Schüler jeder Gruppe tragen ihre Inhaltsangaben zu den betreffenden Textabschnitten vor und erläutern die verschiedenen Zeit- und Bewußtseinsebenen, auf denen sich die Handlung vollzieht. Da sich gerade in einer Fremdsprache die Notwendigkeit nicht umgehen läßt, das reine Textverständnis zu überprüfen und zu sichern, bedienen wir uns auch für den 2. Akt des vorgegebenen Schemas, das die Schüler lektürebegleitend ausfüllen (vgl. HA). Wie schon einmal erwähnt, sollte man für diese Phase genügend Zeit veranschlagen.

Man sollte berücksichtigen, daß nicht alle Schüler den Inhalt in der wünschenswerten Weise straffen und sinnvolle Akzente setzen können. Es wird also je nach Leistungsfähigkeit der betreffenden Klasse notwendig sein, an der einen oder anderen Stelle den Text wieder heranzuziehen, um enventuelle Unstimmigkeiten zu klären oder das Textverständnis zu vertiefen. Zu diesem Zweck wurden im Stundenblatt entsprechende Leitfragen formuliert. Sie sollen dem Lehrer lediglich einen Auswahlkatalog bieten, um den Schülern, falls notwendig, zusätzliche Impulse geben zu können. Diese Leitfragen sind nicht dazu gedacht, der Reihe nach besprochen zu werden. Im Gegenteil, dies liefe nicht nur einem straffen Unterrichtsablauf zuwider, man liefe auch Gefahr, das eigentlich angestrebte Unterrichtsziel, nämlich eine umfassende Charakterisierung Lomans, aus den Augen zu verlieren und würde schließlich durch eine Überbetonung einzelner Handlungsdetails die gesamte Planung zunichte machen. Der 2. Schritt der 7. Stunde, das Antizipieren des weiteren Verlaufs, würde sich nachträglich als mehr oder weniger überflüssig erweisen, und in Unit 5 käme es zu einer unnötigen Wiederholung bereits bekannter Interpretationsergebnisse.

Wer möchte, kann im Anschluß an diese Gruppenarbeit den TA *The impact of the past* um eine 3. Phase *(conclusion)* erweitern und die Schüler eintragen lassen, an welcher Stelle im 2. Akt Miller ihre entsprechenden Fragen beantwortet hat. Zwar erfüllt das Schema *Survey II* bereits denselben Zweck, doch dient dieser Abschnitt insofern einer gewissen Abrundung, als er den Schülern die nachträgliche Bestätigung gibt, folgerichtige Fragen formuliert zu haben.

2. Schritt:
The function of the dramatized past

Mit dem vorausgehenden Schritt verfügen die Schüler nun über vordergründige Kenntnisse des gesamten Drameninhalts (das Requiem ausgenommen). Doch besteht die Gefahr, daß sie nach diesem relativ langen Textabschnitt vergessen haben, worauf sie ihr Augenmerk richten sollten. Die in *Unit 5* und 6 angestrebte umfassende Charakterisierung Lomans und nicht zuletzt eine angemessene Würdigung des Dramas sind nur dann gewährleistet, wenn die Schüler tatsächlich begreifen, daß zwischen der Vergangenheit und ihren Auswirkungen auf Lomans seelischen Zustand einerseits (cf. *Unit 4*) sowie der besonderen dramatischen Form andererseits (cf. *Unit 3*) ein innerer, künstlerisch notwendiger Zusammenhang besteht.

Daher ist es ratsam, bevor man zu den letzten beiden *Units* übergeht, einen zusammenfassenden Überblick über die Funktion der Vergangenheit in *DS* zu erstellen.

In einem fragend-entwickelnden Unterrichtsgespräch werden nochmals die wesentlichen Ergebnisse von *Unit 3* und *Unit 4* entwickelt und fortlaufend an der Tafel festgehalten (cf. TA *The function of the dramatized past in DS*).

Indem wir nochmals betonen, daß die eigentlich dramatische Bedeutung nicht Lomans Tod zukommt, sondern eher die *Boston Hotel Scene* in den Mittelpunkt unseres Interesses rücken, sollen die Schüler erkennen, welche Auswirkungen die Vergangenheit auf das Verhalten und die Handlungsweise der Personen hat. Doch andererseits läßt sich gerade an diesem Beispiel auch zeigen, daß dieser konkrete Vorfall allein nicht ausreicht, um den bis in die Gegenwart andauernden Vater-Sohn-Konflikt oder gar Willys seelischen Zustand zu erklären. (*But do you think Loman's adultery is reason enough ...*).

Deshalb sollen sowohl die Frage nach der dramatisierten Zeitspanne als auch der Impuls *Draw a comparison between the present and the past* verdeutlichen, daß es sich um einen längeren Zeitabschnitt handelt, im Verlauf dessen Loman sich in seinem fragwürdigen Verhalten und in seiner zweifelhaften Lebenskonzeption nicht geändert hat. Darüber hinaus führt dieser Vergleich von Gegenwart und Vergangenheit die Schüler zurück zur Dramentechnik; denn er beleuchtet nochmals den Effekt dieser szenischen Gegenüberstellung für den Zuschauer, der – im Gegensatz zu Loman selbst – zur Einsicht in die Kluft zwischen Willys subjektiver Welt (Illusion) und der objektiven Welt (Wirklichkeit) gelangt.

Mit der Aufforderung, das Motiv für Lomans Selbstmord zu erläutern und es vor allem zu bewerten, soll hervorgehoben werden, daß Loman als Verblendeter in den Tod geht. Daß diese Verblendung ihrerseits aus Lomans psychischem Zustand erwächst, könnte man, falls erforderlich, dadurch verdeutlichen, daß der zunehmende Einfluß des toten Ben Willy schließlich den Zugriff zur Realität völlig versperrt (*What does the debate with Ben ... reveal about his state of mind?*). Damit ist der Bogen wieder zum Ausgangspunkt dieser Zusammenfassung geschlagen, und wir können erneut feststellen, daß Lomans Tod bei Einsatz der Dramenhandlung voraussehbar und – infolge vergangener Ereignisse – unvermeidlich war.

3. Schritt (fakultativ):
The analytical form of DS

Mit dieser *Unit* haben wir die wesentlichen Merkmale eines analytischen Dramas faktisch erarbeitet, und es bietet sich jetzt an, diesen literarischen Terminus abschließend einzuführen. Wir gehen von der Definition G. v. Wilperts aus (vgl. Didaktische Vorbemerkungen zu *Unit 4*), die der Lehrer auf einer Folie oder Hektographie der Klasse zugänglich macht. Die Definition wird gelesen, die Schüler fassen sie in eigenen Worten auf Englisch zusammen und versuchen dann, sie auf *DS* anzuwenden.

Zwangsläufig laufen die im Stundenblatt formulierten Leitfragen auf eine Wiederholung bereits bekannter Fakten hinaus. Allein die Feststellung von Wilperts, daß sich die eigentliche Handlung im Laufe des Spiels „den ahnungslos Handelnden" enthüllt, trifft in *DS* zumindest auf Willy Loman nicht zu; von daher ist gerade diese Aussage geeignet, nochmals das Besondere dieses Dramas hervorzuheben: Analyse ist die Handlung nur für den Zuschauer, für Willy Loman findet der klärende Prozeß der Bewußtwerdung nicht statt. Deshalb ergab sich für den Autor die Notwendigkeit, auch in der Form vom herkömmlichen analytischen Drama im Sinne G. von Wilperts abzuweichen.

Wollte er Loman in seiner subjektiven, befangenen Weltsicht zeigen, gleichzeitig aber für den Zuschauer die Zusammenhänge „analysieren" und ihm eine kritische Einsicht ermöglichen, erforderte dies die Darstellung der Handlung aus verschiedenen Perspektiven, nämlich abwechselnd aus der subjektiven und der objektiven, wie wir es in Unit 3 gezeigt haben.

Hausaufgabe

Es wäre durchaus möglich, diesen letzten Schritt in Form einer schriftlichen Hausaufgabe von den Schülern bearbeiten zu lassen. Denn im Grunde genommen handelt es sich hierbei nicht um Neuland, sondern lediglich darum, bereits gewonnene Erkenntnisse unter dem Aspekt *The function of the dramatized past* zusammenzufassen. Um den Schülern diese Aufgabe zu erleichtern, könnte man ihnen die entsprechenden Leitfragen aus dem Stundenblatt dazu vorgeben; der vorgeschlagene TA ginge dann als Ergebnissicherung aus dieser Hausaufgabe hervor.

Ebenso ließe sich die Lektüre des Requiems, die den Einstieg in die folgende Stunde bildet, als Hausaufgabe stellen und so der Stoff von Unit 5, 1. Schritt komprimieren.

Unit 5
Willy's Lack of Identity

10. Stunde:
Who was Willy Loman?

Didaktische Vorbemerkungen zur 10.–12. Stunde

Mit *Unit 4* wurde eine erste, vorläufige Lektüre des Dramas abgeschlossen, so daß die Schüler jetzt über ein „Gerüst" der vordergründigen Handlungsmomente verfügen. Es ist bis zu einem gewissen Grad deutlich geworden, daß vergangene Ereignisse bis in die Gegenwart fortwirken und dazu beigetragen haben, Lomans Selbstmord auszulösen.

Das folgende Requiem gibt den beteiligten Dramenfiguren, vor allem aber dem Zuschauer die Möglichkeit, aus der Distanz heraus die gesamte Handlung sowie ihre anfänglich verborgenen Ursachen und Zusammenhänge nochmals aufzurollen. Es scheint daher auch im Unterricht ratsam, an dieser Stelle einzuhalten und eine vorläufige Bilanz zu ziehen.

Wenn ein jugendlicher Sohn seinen bislang „göttergleichen" Vater mit einer Prostituierten in einem Hotelzimmer überrascht, so mag sich ein derartiges Erlebnis vielleicht für ihn als traumatisch erweisen; jedoch vermag es nicht überzeugend zu erklären, weshalb er als Erwachsener noch immer nicht Fuß gefaßt hat (ganz zu schweigen von seinem Bruder Happy, dem dieses Erlebnis erspart blieb). Ebenso unglaubwürdig erschiene das seit Jahren sich zuspitzende Spannungsverhältnis zwischen Vater und Sohn, wollte man es ausschließlich mit diesem unseligen Erlebnis in Boston oder den beruflichen Mißerfolgen der beiden begründen. Schließlich wäre Lomans Selbstmord allein aus diesen Gründen nicht ausreichend erklärt, so daß wir uns in den folgenden Stunden weiterhin damit beschäftigen müssen, weitere Ursachen für den Vater-Sohn-Konflikt sowie für Lomans Scheitern zu finden.

Die meisten Autoren der Sekundärliteratur sind sich darin einig, daß ein Zusammenwirken sowohl individueller als auch gesellschaftlicher Faktoren ausschlaggebend sind: auf der einen Seite seine individuelle Unzulänglichkeit, die sich darin äußert, daß er die z. T. fragwürdigen Ideale, die seine Leitbilder verkörpern, kritiklos übernimmt; auf der anderen Seite die Unzulänglichkeit der Gesellschaft, die Lomans Bedürfnissen nicht gerecht wird und – nicht zuletzt in Ermangelung eigener Werte und Ideale – seinen Glauben an eine mögliche Verwirklichung seiner unzeitgemäßen Träume toleriert, sogar fördert. Soweit sich persönliche und gesellschaftliche Gesichtspunkte in *DS* überhaupt voneinander trennen lassen, wurde ihre Behandlung im Unterricht jeweils auf *Unit 5* und *6* verteilt: in *Unit 5* befassen wir uns vorrangig mit Lomans individuellem Versagen, in *Unit 6* mit dem gesellschaftlichen Umfeld. Erst beide Aspekte zusammengenommen erlauben eine abschließende Charakterisierung Willy Lomans.

Das Hauptziel in *Unit 5* wird demnach darin bestehen, Lomans Identitätsverlust aufzuzeigen und zu fragen, inwiefern er durch sein persönliches Versagen hervorgerufen wird. Indem wir das Drama nach übergeordneten Gesichtspunkten aus der Retrospektive wieder aufrollen und die Ursachen für seinen Identitätsverlust möglichst umfassend zusammentragen, entsteht mosaikartig das Bild einer gespaltenen Persönlichkeit.

Im einzelnen verfahren wir dabei folgendermaßen: In der 10. Stunde untersuchen die Schüler, ausgehend von der Lektüre des Requiems (1. Schritt), besonders aber von Biffs Feststellung *He had the wrong dreams*, worin Willys Träume und Ideale bestehen und wodurch sie geprägt wurden (2. Schritt: *Willy's dreams and ideals*). Mit der Beschreibung dieser Ideale sollte Loman gleichzeitig als *American Everyman* gekennzeichnet werden. Es sollte schon jetzt deutlich werden, daß seine Ideale keineswegs individuelle Züge tragen, sondern daß sie bis zu einem gewissen Grade traditionelle und gesellschaftlich vermittelte Vorstellungen sind. Der 3. Unterrichtsschritt *Sources of Willy's dreams* sowie die anschließende Hausaufgabe zeigen, daß Lomans Ideale durch seinen Vater, Dave Singleman und Ben verkörpert werden.

Die Bedeutung dieser Leitfiguren genauer zu untersuchen, ist der Stoff der folgenden zwei Stunden (11./12. Stunde).

Im 1. Schritt werden ihre typischen Merkmale und Charaktereigenschaften dem Text entnommen (vgl. TA).

Ein weiterer, fakultativer Schritt (*Willy's models as representatives of American ideals*) kann die historische Dimension verdeutlichen und dem Schüler zeigen, daß sich Lomans Leitbilder bestimmten Epochen der amerikanischen Geschichte zuordnen lassen und entsprechende Ideen, Wertvorstellungen oder allgemein gültige Verhaltensweisen ihrer jeweiligen Zeit repräsentieren.

Im 3. Schritt (*Individual reasons for Willy's failure*) fragen wir danach, wieso diese Leitbilder, denen Loman sich verpflichtet fühlt, zwar in ihrer eigenen Zeit bestehen konnten, für Loman selbst aber keine Gültigkeit mehr besitzen, und inwiefern sie dazu beitragen, daß er an der Realität scheitert.

Damit wären die gesellschaftlichen Implikationen bereits angesprochen. Doch bevor wir uns in *Unit 6* dem Kapitel *Social Criticism* ausführlicher zuwenden, sollen abschließend nochmals alle bisher erarbeiteten Faktoren zusammengefaßt werden, die auf Lomans individuelles Versagen zurückzuführen sind und ihn als eine Persönlichkeit ohne eigene Identität kennzeichnen (4. Schritt: *The inadequacy of Willy's models [summary]*).

Für die gesamte *Unit 5* ist eine Dauer von gut 3 Stunden vorgesehen. Da die beiden Hausaufgaben dieser *Unit* so konzipiert sind, daß sie jeweils notwendige Vorarbeiten für den zügigen Ablauf der 11. Stunde bzw. den Einstieg in *Unit 6* (13. Stunde) leisten, sollte man unbedingt darauf achten, vorher entsprechende zeitliche Zäsuren einzuhalten.

Notes on Interpretation
zur 10.–12. Stunde

Willy's dreams and ideals

The play actually finishes with Willy's death. In the Requiem which follows, Miller brings together the views of the main characters concerning Willy's fate. For *Linda* her husband's death is totally incomprehensible. Above all, she cannot understand why, at this very moment, he is not satisfied with what they have achieved:

"I can't understand it. At this time especially . . . He only needed a little salary. He was even finished with the dentist." (p. 101)

Charley seems to show more understanding for Willy's behaviour when he says: "No man only needs a little salary". (p. 101) He forbids anybody to find fault with Willy Loman ("Nobody dast blame this man", p. 101) and justifies the latter's dreams as an occupational necessity:

"Willy was a salesman. And for a salesman . . . . . . A salesman is got to dream, boy. It comes with the territory." (p. 101/02)

Happy, however, deceiving himself as usual, considers his father's suicide as simply unnecessary:

"There was no necessity for it. We would've helped him."

Apart from this he does, however, consider Willy's outlook on life to be "a good dream" (p. 102) and in order to prove this he wants to continue with it in place of his father:

"All right, boy. I'm gonna show you and everybody else that Willy Loman did not die in vain. . . . I'm gonna win it for him." (p. 102)

Consequently, Happy's attitude stands in stark contrast to that of his brother Biff. As became more and more clear in the second act, *Biff* has recognized the insignificance and the limitations of his own character as well as that of his father ("I know who I am, kid".). Willy, however, did not recognize this about his character and could not free himself from the compulsion "to come out number-one man", so that Biff finally comes to the conclusion that "He had the wrong dreams. All, all wrong . . . He never knew who he was." (p. 101)

Who, then, is Willy Loman? What are his dreams in life? Is he simply dazzled by thoughts of success, somebody who has missed out on reality?

His name is significant: For Miller himself he is the typical "low man", the man-in-the-street whose dreams are embedded in American tradition. As a representative of other "low men" he spiritualizes ideas of success and popularity instilled in him by American society without realizing that he is the product of a whole dream factory as it were. It is, therefore, the restless search for social recognition and the secret of success which dominates him throughout the play and constantly makes him deny his own self and his true desires, as Miller explains in his CP:

"And when asked, what Willy was selling, what was in his bags, I could only reply, 'Himself'."
(Introduction to CP, p. 141)

In the play it is Biff who has recognized Willy's lack of identity when he says "He never knew who he was", and when he suggests that Willy might have been happier as a carpenter than as a salesman:

"There were a lot of nice days. When he'd come home from a trip; ... making the stoop; finishing the cellar; ... You know something, Charley, there's more of him in that front stoop than in all the sales he ever made." (p. 101)

This is confirmed by Charley ("He was a happy man with a batch of cement") and Linda, too ("He was so wonderful with his hands"). Yet he can only develop this skill in his freetime. Along with his constant urge to plant and accomplish something, it reveals his love of nature and outdoor activities as well as his resistance against the constraints of modern urban life.

Loman's speech mirrors his social background. In fact, he is fairly inarticulate. Stereotype expressions like "Where are you guys, Where are you?", "Isn't that remarkable!" or his repeated lament of feeling "boxed in" clearly reveal his inability to put his feelings of frustration or distress into adequate words. Moreover, he derives his wisdom from common-sense authorities or from the world of advertising, which he expresses in stock phrases and platitudes such as "Personality always wins the day" or "Start big and you'll end big." As he repeats these slogans he often realizes at the same time that reality is not identical with the world of appearances, but does not venture so far as to seriously question them. As his speech reveals, he lacks the intellectual capacity to develop individual values. There is no philosophical system or religion in Willy's life on which he could rely; nor does he have any political system that helps him to find his right place in society. The pressure to succeed and to be the right personality prevents him from realizing his own needs appropriate to his capacities and from achieving maturity and individual independence. Since he cannot fulfill himself in his work, but actually denies that he is alienated and lost. On his search for the secret of success and his pursuit of happiness he therefore orientates himself to three models who, psychologically speaking, are substitute fathers for him:
a) his natural father
b) Dave Singleman
c) his dead brother Ben.
These three father figures give him strong guidance, and he thinks he has the key to success by using simple recipes tried and trusted by them.

Willy's idols

a) His natural father
Willy can hardly remember his own father. "All I remember is a man with a big beard, and I was in Mamma's lap ..." (p. 34). But according to Ben, their father was "a very great and wild-hearted man", who used to wander restlessly through the country and earned his living by selling self-made flutes as well as by inventing useful objects:

"Great inventor, Father. With one gadget he made more in a week than a man like you could make in a lifetime." (p. 34)

Due to his strongly pronounced individualism, he left the family when Willy was still a baby; with the beginning of another gold rush he went to Alaska in approximately 1885 to try his luck there. His departure coincided timewise with the closing of the border, which according to F. J. Turner was approximately in 1890. Although he was not a pioneer in the proper sense of the word, he fits the image of a peddler-pioneer in pre-industrial America and stands for the myth of the last frontier (cf. P. Goetsch, B. E. Gross).

Thus the patriarch of the Loman family is "a shadowy ideal who embodies a variety of qualities. Musician, craftsman, salesman, inventor (as well as wife deserter) ... who has left a mingled heritage to his sons." (N. Carson, p. 50)

Willy has the strong desire to copy him and has chosen to imitate the salesman side of his father. Motifs which display his wish to lead a free life in the outdoors and to fulfill his potential as his father did run throughout the play, such as the flute music indicating Willy's escape into the dream world, his manual skill obviously inherited from his father, his urge to plant something, the motif of "feeling boxed in" by his surroundings etc.

b) Dave Singleman

Most influential was Willy's meeting with Dave Singleman who made Willy take up the career of a salesman. In Howard's office Willy explains to Howard:

"I thought I'd go out with my older brother ... when I met a salesman in the Parker House. His name was Dave Singleman. ... And Old Dave, he'd go up to his room, y'understand, put on his green velvet slippers – I never forget – and pick up his phone and call the buyers, and without ever leaving his room, at the age of eighty-four, he made his living. And when I saw that, I realized that selling was the greatest career a man could want." (pp. 57/58)

Here, Loman has obviously distorted in his memory the actual moment when he made his choice of career, since when Ben tries to persuade him to follow him to Alaska, Willy is already a salesman and has already worked for the Wagner Company for some time. His explanation "I thought I'd go out with my older brother ... when I met a salesman ..." is, therefore, not necessarily the truth. (Cf. P. Goetsch, Death of a Salesman, S. 226)

Yet Dave Singleman's achievement, i. e. his ability to sell by phone, the fact that he was "remembered and loved and helped by so many different people" and that his funeral was attended by hundreds of salesmen and buyers have come to represent for Willy the human face of free enterprise. Singleman has certainly impressed upon him the idea that the successful salesman wins friends and influences people after the pattern that Dale Carnegie has formulated – in other words, that personality and popularity are necessary prerequisites for success.

Moreover, he reflects Horatio Alger's rags-to-riches romance and the ideologies of the apostles of success of the latter half of the 19th century, such as Benjamin Franklin or R. H. Conwell, to name but these few. All of them expressed the view that everybody could rise to positions of wealth and social stature and that the secret of success was the consequence of a strong personality.

Yet reality shows that the days of a Dave Singleman, when "respect, comradeship and gratitude" might have counted in the business world, are now over. Even Willy realizes this:

"Today it's all cut and dried, and there's no chance for bringing friendship to bear – or personality." (p. 58)

Yet despite this realization, he does not become aware of the fact that this success formula has turned out to be false and that he mixes up cause and effect. He constantly indulges in expressions such as "a person must not just be liked but well-liked", and it is part of his personal failure that he never realizes that a benevolent and co-operative nature of capitalism, in the sense of a Dave Singleman, does not exist. (Cf. N. Carson, p. 51)

c) Ben

Willy's comments such as "You are just what I need, Ben" (p. 36) or "I've been waiting for you so long!" (p. 32) show clearly that the example his dead brother set has left a strong mark on him.

Born in approximately 1870, Ben grew up in the time of industrial expansion and monopoly capitalism. He comes from an idealized past of American history and in the play he personifies the myth of quick success. Relying only on himself, he is the robber baron of the 19th century who travelled out to unknown frontiers where he made his fortune through pioneering adventurousness. Like his father, Ben too, left the family. First of all he went to Alaska and then to the Gold Coast, where he amassed a considerable fortune. "There is an aura of far places about him" (p. 31) and whenever he appears he is in a hurry. Life is a jungle for him: dark and dangerous. In order to survive in this jungle alertness, trickery, lack of scruples, physical strength and violence are necessary, as he shows Biff in a sparring match when he is suddenly standing over him with the point of his umbrella over Biff's eye: "Never fight fair with a stranger, boy. You'll never get out of the jungle that way." (p. 34) Committed to the cut-throat competition of the early captains of industry Ben has asserted himself in that jungle and in Willy's eyes now represents "success incarnate", the embodiment of his desire for success. Apart from the advice given to Biff Ben says very little about his secret to success; indeed, he explains it rather cryptically:

"When I walked into the jungle, I was seventeen. When I walked out I was twenty-one. And, by God, I was rich!" (p. 36)

At his meeting with Willy in 1928 Ben encourages him to go with him to Alaska, i. e. to break away from his family and his familiar lifestyle. Willy, however, holds onto his family too strongly and is too much under Linda's influence to follow his brother. Again he relies on the personality cult; since he considers himself to be popular and well-liked, he is confident that there are "acres of diamonds" in his backyard and, like Linda, counts on his boss at that time who promised Willy a share in his company:

"The whole wealth of Alaska passes over the lunch table ... a man can end with diamonds here on the basis of being well-liked." (p. 62)

As his commitment to the success ideology also directed the education of his sons, he contents himself with showing Ben that he has at least brought up his sons as Ben himself would have done:

"That's just the way I'm bringing them up, Ben – rugged, well-liked, all-round ..." (p. 34)

Since Ben, too, confirms the Alger ideal that any man can succeed, provided he has the necessary personal qualities, Willy wants his sons to be like their uncle: physically strong, self-reliant, rugged and ruthless.

Willy's loss of identity

To summarize, we see that Willy's idols turn out to be vague and blurred and, strictly speaking, already anachronisms in their own time, so that they can no longer have any validity at all for Willy. Willy himself is in a transitional phase, in which the frontier era is already over and the career of a travelling salesman – both in the way his father practised it and in the way Dave Singleman did – has already proved to be impossible. As B. E. Gross and P. Goetsch rightly point out, some of the peddler-pioneer spirit survives in Willy. This becomes clear when we learn that he travels all over New England feeling like a pioneer who is opening up new territory for his company. Yet, unlike his father, he does not sell products he has made himself (we do not even get to know what they actually are) nor can he choose his own territory. This is why Gross concludes that "Willy Loman is simply in the wrong place at the wrong time" (p. 406). Yet the way times have changed and the change in the social situation connected with this pass Loman by. He is aware of this change insofar as this brings about increasing difficulties for him, yet it hardly penetrates his full consciousness at all nor can he adjust to this change. He fails to realize that he admires just those qualities which he does not possess and worships the very forces that help to destroy him:

"The jungle where no one fights fair is where Willy knows the wealth is to be found, but his own nature yearns for the security of home, garden and an adoring family". (N. Carson, p. 52)

Although his own nature is ill-suited for the competitive world of business, he constantly tries to adjust. On the one hand he is convinced that success is a product of being well-liked, on the other hand he admires jungle-style competition and even encourages his son's unlawful behaviour. In other words, he fails because he does not recognize that his idols' lifestyles are inconsistent with each other: the principle of "comradeship, respect and gratitude" of a Dave Singleman cannot be brought into line with the negatively distinct individualism of the father and not at all with the social Darwinism of a Ben.

So it is principally "these conflicting success images" (G. Weales, p. 97), this desire to be rich and at the same time popular, which finally lead to a split in Loman's consciousness and contribute to the conflict between him and his environment.

The more he suffers from the reality of his environment, however, the more frantically he holds onto his dreams and values. There are only a few occasions when he confesses to himself and to others that his code of success obviously does not work. When Biff meets Miss Francis in Willy's room, Willy explains the embarrassing situation by saying: "I was terribly lonely" (p. 87). This explanation, of course, comes closer to the truth: humiliated and disheartened by the lack of success on his business trips, he found somebody, in this case Miss Francis, who could at least temporarily help him rebuild his shattered ego. Also at the beginning of the play, he once confesses to Linda while discussing the family budget:

"They seem to laugh at me ... I don't know the reason for it, but they pass me by. I'm not noticed ... Other men – I don't know – they do it easier. I don't know why – I can't stop myself – I talk too much. A man oughta come in with a few words. One thing about Charley. He's a man of few words, and they respect him." (p. 25)

At such times he is well aware that he does not meet his own requirements of personality and attractiveness. Yet he cannot give up his dreams. He fails because he never, not even on occasions like these, becomes aware of the fact that his idealized models could be surpassed or inconsistent, or could even be false from the very beginning; in this sense he shows symptoms of a psychotic (cf. P. Goetsch), of somebody who has lost his identity.

As for Biff's judgement "He had the wrong dreams. ... He never knew who he was", it would now be more accurate to conclude "that we are to blame him for holding on to those dreams long after they cease to correspond with any possible reality." (N. Carson, p. 57)

Unterrichtsverlauf

1. Schritt:
Reactions towards Willy's suicide (The Requiem)

Zu Beginn dieser Stunde wird mit verteilten Rollen das Requiem gelesen; auch der Einsatz eines Tonträgers wäre wiederum denkbar. Daran schließt sich ein Unterrichtsgespräch an über die verschiedenen Reaktionen der am Begräbnis beteiligten Personen.
Die Äußerungen von Linda und Charley können relativ kurz abgetan werden, sie sind im Hinblick auf unser Unterrichtsziel kaum relevant. Vielmehr kommt es darauf an, den Gegensatz zwischen den beiden Söhnen deutlich herauszuarbeiten: Auf der einen Seite Biff, der am Grabe des Vaters sagt, *He had the wrong dreams* und *He never knew who he was* (p. 101) und dadurch bereits auf Willys mangelnde Identität verweist; auf der anderen Seite Happy, der Willys Träume aufs heftigste verteidigt und sich auch weiterhin persönlich zu ihnen bekennt.
Um sich zu vergewissern, ob die Schüler auch tatsächlich die volle Bedeutung dieser Aussagen verstanden haben, könnte man sie auffordern, die jeweiligen Standpunkte der beiden Brüder nochmals mit eigenen Worten wiederzugeben: Es ist also der Lebensentwurf des Vaters, über den sie verschiedener Ansicht sind. Folglich wird man damit fortfahren, diesen Lebensentwurf, bzw. Willys Träume und Ideale genauer zu beschreiben.

2. Schritt:
Willy's dreams and ideals

Allerdings setzen Fragen wie *Who was Willy Loman? What were his aims in life?* im Grunde genommen voraus, daß die Schüler über detaillierte Kenntnisse des gesamten Drameninhalts verfügen; davon auszugehen wäre, insbesondere was den 2. Akt betrifft, illusorisch. Deswegen sollte man den Schülern genügend Zeit einräumen und diese Fragen in einer Stillarbeitsphase oder in Gruppenarbeit bearbeiten lassen. Die übergeordnete Fragestellung nach der Persönlichkeit und dem Lebensentwurf kann dann von verschiedenen Ansätzen her arbeitsteilig untersucht werden.

a) Zunächst bietet es sich an, auf die „Experten" der Gruppenarbeit von *Unit 4* zurückzugreifen, die prüfen sollen, was ihre betreffenden Textstellen zu diesem Fragenkomplex aussagen. Einschränkend wäre allerdings anzumerken, daß die Szenen *Howard's office* (pp. 54–60) und *Charley's office* (pp. 64–71) später ohnehin Grundlage einer eingehenderen Interpretation sein sollen (cf. *Unit 6*). Da ferner Willys Wertvorstellungen besonders deutlich in den Auseinandersetzungen mit Biff zu Tage treten, könnte man sich vorzugsweise auf die ehemalige Gruppe IV (*Final argument between Willy and Biff*) beschränken. Die zusätzliche Hilfestellung *What accounts for Biff's inner detachment?* wird diese Gruppe zu dem angestrebten Interpretationsziel der Lebenslüge führen.

b) Eine zusätzliche Gruppe könnte mit der weiteren Interpretation des soeben gelesenen Requiems fortfahren. Dieser Arbeitsauftrag dürfte gerade für leistungs-

schwächere Schüler gut zu bewältigen sein, denn das angestrebte Ergebnis liegt förmlich auf der Hand. Wenn Biff z. B. sagt, *... there's more of him in that front stoop than in all the sales he ever made* (p. 101), so verweist er damit auf Willys handwerkliches Geschick, durch das er sich offenbar eher verwirklichte als durch seinen tatsächlichen Beruf.
Desgleichen Linda: *He was so wonderful with his hands*, oder Charley: *He was a happy man with a batch of cement.* (p. 101)
Auch lassen sich früher erarbeitete Interpretationsergebnisse reaktivieren; z. B. enthält der TA *Father-son-relationship* von *Unit 2* bereits konkrete Hinweise zu dem vorliegenden Problem.

c) Schließlich sollte man auch Lomans Ausdrucksweise und seine stereotypen Redensarten (*motifs and clichés*) auf ihren Aussagewert hin prüfen lassen. Allein sein ständiges Gerede von *being vital to New England* oder *being well-liked* verweist deutlich auf seine Ideale; seine Gewohnheit, sich in Binsenwahrheiten und Platitüden zu ergehen, läßt Rückschlüsse zu auf seinen geistigen Horizont und den Ursprung dieser Weisheiten. Zusammengenommen tragen diese Gesichtspunkte dazu bei, das Milieu zu beschreiben, dem Loman zuzuordnen ist und ihn als einen amerikanischen *Everyman* zu charakterisieren.

Bei einer aufgeweckten, diskussionsfreudigen Klasse wäre als Alternative auch der Weg über eine mehr oder weniger gelenkte Diskussion denkbar. Allerdings sollte man dann erst recht nicht erwarten, daß die gewünschten Ergebnisse abrufbar sind. Da wir aber andererseits an späterer Stelle die Frage nach Willys Wertvorstellungen und seinem Lebensentwurf ohnehin wieder aufgreifen müssen (cf. 11./12. Stunde), um ein abschließendes Gesamtbild seiner Persönlichkeit erstellen zu können, genügt hier auch eine vorläufige, globale Beschreibung. Mit der Frage *Whose point of view do you support?* könnte man den Impuls für eine Diskussion und damit den Schülern Gelegenheit zur freien Meinungsäußerung geben.

Die Schüler werden ferner fragen müssen, was (abgesehen von dem Erlebnis in Boston) Biff eigentlich dazu veranlaßt hat, sich innerlich von seinem Vater zu distanzieren. Vielleicht werden sie darüber hinaus auch Fragen nach dem Wesen der Autorität, der Rolle der Familie oder das Problem des Generationskonflikts anschneiden.

Sollte es erforderlich sein, die Diskussion von Zeit zu Zeit wieder in die gewünschten Bahnen zu lenken, lassen sich die für die Gruppenarbeit formulierten Leitfragen entsprechend verwenden.

Einerlei, für welchen der beiden Wege man sich entscheidet, man wird beim ersten Weg abschließend und beim zweiten unterrichtsbegleitend die wesentlichen Beiträge an der Tafel sammeln.

Am Ende sollte deutlich werden, daß Loman sich dem Mythos vom einfachen und schnellen Weg zum Erfolg verschrieben hat; Begriffe wie *success, popularity, personal attractiveness, individuality, personality, self-fulfilment, love of nature* sollten gleichsam als Filtrat an der Tafel stehen, denn sie bilden die Basis für den folgenden Schritt.

Obgleich hier in *Unit 5* die persönliche Komponente Lomans im Vordergrund steht, bietet es sich an dieser Stelle bereits an, Loman als den *American Everyman* darzustellen und kurz auf den sozialen Hintergrund zu verweisen, der später für die Behandlung von *Unit 6* bedeutsam wird.

Die Antworten auf die Frage nach den Gründen, weshalb Loman keine individuellen Wertvorstellungen entwickeln kann, sowie nach dem Ursprung des Traumes vom schnellen Erfolg und des Ideals von Popularität und Persönlichkeit lassen sich schwer vorhersagen. Die Schüler könnten versuchen, sie dramenimmanent zu beantworten; in diesem Fall könnte man den gesellschaftlichen Aspekt vorläufig ausklammern und unmittelbar die Vorbereitung der Hausaufgabe anschließen. Im allgemeinen werden die Antworten von dem gesellschaftskritischen Bewußtsein der betreffenden Schüler abhängen und welche landeskundlichen Kenntnisse sie mitbringen; was sie z. B. über *American Dream, American Way of Life* wissen.

Da dieser landeskundliche bzw. gesellschaftskritische Aspekt ohnehin in Verbindung mit Willys Leitbildern in den zwei folgenden Schritten wiederaufgegriffen wird, genügt hier der Hinweis, daß Lomans Vorstellungen durch die amerikanische Gesellschaft geprägt wurden und daß auf diesen Aspekt in Kürze näher eingegangen werden soll.

Im Hinblick auf die anschließende Hausaufgabe soll die Aufmerksamkeit der Schüler vorläufig wieder auf den Text gelenkt werden.

3. Unterrichtsschritt/Hausaufgabe:
Sources of Willy's dreams and ideals

Mit den Fragen *Who inspired Willy with the idea of success and popularity?* und *Which characters in the play incorporate his ideals?* bereiten wir den folgenden Unterrichtsschritt vor, in dem versucht werden soll, Willys Leitbilder genauer zu beschreiben. Die Schüler werden aufgefordert, die soeben erarbeiteten Ideale, insbesondere Willys Traum vom *success*, bestimmten Personen zuzuordnen, durch die er sie verkörpert sieht. Den Begriff *success* mit Ben in Verbindung zu bringen, dürfte kaum schwer fallen. Doch ob jeder sofort an Willys Vater und Dave Singleman denkt, ist fraglich; denn beide treten im Gegensatz zu Ben nicht als leibhaftige Personen auf. Jedoch dürften zusätzliche Hilfsfragen (e.g. *And as for those characters who are just mentioned but do not appear on stage: Whom does he always try to imitate? How can his love of nature and his manual skill be explained?*) dieses Problem ggf. beheben.

Damit die Beschreibung der 3 Leitfiguren zügiger vorangeht, wiederholen die Schüler die notwendigen Textstellen zu Hause und erstellen eine tabellarische Übersicht. Die entsprechenden Textstellen sowie das Muster für diese Übersicht müssen ihnen zusammen mit einem Beispiel vorgegeben werden. (vgl. Stundenblatt zur 11./12. Stunde) In der ersten Spalte werden die reinen Fakten aufgelistet, soweit sie dem Text zu entnehmen sind. In der zweiten Spalte soll versucht werden, *qualities, character traits* oder *values*, die sich aus der vordergründigen Textinformation ergeben, abzuleiten. Auf die dritte Spalte gehen wir erst später ein (cf. 2. Schritt, 11. Stunde).

11./12. Stunde:
Willy's Models in Life – A Survey

Didaktische Vorbemerkungen
vgl. 10. Stunde

Notes on Interpretation vgl. 10. Stunde

Unterrichtsverlauf

1. Schritt:
Willy's father, Dave Singleman, Ben: representatives of Willy's ideals

Einzelne Schüler tragen ihre in der Hausaufgabe zusammengestellten Merkmale zu den jeweiligen Leitfiguren vor, die von den Mitschülern überprüft, ggf. aufeinander abgestimmt und schließlich an der Tafel gesammelt werden.

Was jeweils die erste Spalte betrifft, so dürfte es kaum nennenswerte Probleme geben. Allenfalls bei der zweiten Spalte könnte es manchem Schüler schwer fallen, vom Text zu abstrahieren und die gewünschten Begriffe zu finden, durch die sich die jeweiligen Personen treffend kennzeichnen lassen. Hier sollte der Lehrer wieder einem zügigen Unterrichtsverlauf den Vorrang geben und dirigierend eingreifen. Denn er sollte stets im Auge behalten, daß das endgültige Interpretationsziel nicht in der Charakterisierung dieser Randfiguren besteht, sondern diese lediglich eine Folie bilden, die die Person Willy Loman deutlicher hervortreten läßt.

2. Schritt (fakultativ):
Willy's models as representatives of American ideals

Die soweit erstellte Übersicht an der Tafel (Spalte 1, 2) wird nun um eine 3. Spalte erweitert. Die Schüler sollen erkennen, daß Willys Leitbilder vor dem Hintergrund der amerikanischen Geschichte bestimmte Typen darstellen und als Repräsentanten ihrer jeweiligen Zeit entsprechende Lebenshaltungen verkörpern.

An dieser Stelle stößt man als Autor eines derartigen Unterrichtsmodells an gewisse Grenzen. Im Idealfall sollte der Lektüre von *DS* eine Unterrichtseinheit zur amerikanischen Landeskunde vorausgegangen sein (vgl. S. 15). Die Schüler sollten Kenntnisse über die Bedeutung der *frontier* und des Pioniermythos für die politische und gesellschaftliche Entwicklung der Vereinigten Staaten besitzen. Sie sollten sich etwas unter dem Ideal des *American Dream* vorstellen können und wissen, welchen Veränderungen dieses Ideal im Laufe der Zeit ausgesetzt war. Kurzum, sie sollten gewisse Vorstellungen mit dem *American Way of Life* und seinen Wurzeln verknüpfen.

Da aber die vorliegende Unterrichtsplanung nicht von diesen landeskundlichen Kenntnissen als einer conditio sine qua non ausgehen möchte, wurde dieser Schritt hier lediglich fakultativ aufgenommen.

Es wäre denkbar, die fehlende Information im Lehrervortrag zu liefern und die 3. Spalte auf diesem Weg zu vervollständigen. Auch gibt es verschiedene Sachtexte, die dazu geeignet sind, ein eventuelles Defizit auszugleichen. (Literaturangaben finden sich im Literaturverzeichnis.) Man sollte sich jedoch des Problems bewußt sein, daß allein durch die sprachliche Erarbeitung dieser Zusatztexte viel Zeit verloren geht, wodurch der eigentliche Interpretationsfluß des Dramas unterbrochen wird. Ein Kompromiß läge allenfalls darin, rechtzeitig vor der Behandlung von *DS* einige Schüler mit entsprechenden Referaten zu beauftragen, die an dieser Stelle die landeskundlichen Voraussetzungen erbringen können, auf denen das Drama basiert. (Im einzelnen vgl. *Notes on Interpretation.*)

3. Schritt:
Individual reasons for Willy's failure

Die tabellarische Übersicht bildet auch das Fundament für den folgenden Unterrichtsschritt, in dem die Schüler die Gründe für Willys Scheitern ermitteln sollen. Die Feststellung *Actually each of Willy's models has made his way in life. Which reasons might account for the fact that Willy, on the other hand, is not successful?* umreißt das vorliegende Problem.

Um den folgenden Gedankenschritt zu erleichtern, werden die Schüler aufgefordert, aus der Spalte *qualities* je ein oder zwei wesentliche Merkmale auszuwählen, die ihrer Meinung nach die jeweilige Person besonders treffend kennzeichnen. (Diese Kennzeichnung erübrigt sich, wenn sie bereits im vorhergehenden Schritt vorgenommen wurde; da aber jener Schritt lediglich als fakultativ in die Unterrichtsplanung aufgenommen wurde, greift die Frage *According to which principles or values did each of his models live?* diesen Gedanken hier nochmals auf). Sodann überprüfen die Schüler, inwieweit diese von ihnen ausgewählten Merkmale überhaupt Willys eigenem Charakter entsprechen, ja wieweit er überhaupt etwas mit seinen Leitbildern gemeinsam hat. Es mag wiederum erforderlich sein, gezielte Texthinweise zu geben und den einen oder anderen Abschnitt nochmals lesen zu lassen.

In den Leitfragen wird jeweils ein konkreter Vergleich zwischen Willy und einer seiner Idealfiguren angestellt, so daß die Schüler dann aus dieser kontrastiven Gegenüberstellung den jeweiligen Grund für Willys Scheitern folgerichtig herleiten können. Beispielsweise könnte man auf die Seiten 60–62 verweisen, als Ben Willy zu überreden versucht, ihm nach Alaksa zu folgen. Durch die Frage *What about Willy's adventurousness? Why didn't he follow Ben to Alaska?* wird deutlich, daß seine Bindung an die Familie stärker ist als die Bens oder die seines Vaters, und daß er sich gerne von Linda darin bestärken läßt, auf die Wagner Company und die aussichtsreiche Zukunft seiner Söhne zu bauen. Daraus ergibt sich die Folgerung: *He fails to realize that he simply has a different character and does not possess the same qualities.*

Auf diese Weise sollen die Schüler schließlich zu der Erkenntnis geführt werden, daß es im wesentlichen drei Gründe sind, weshalb ihm seine Leitfiguren den gewünschten Erfolg nicht vermitteln können (cf. TA 2):

1. Willy selbst kann auf Grund seines eigenen Naturells die von ihm favorisierten Idealvorstellungen kaum erfüllen; er bewundert Eigenschaften, die er selbst nicht besitzt.
2. Seine Ideale lassen sich schon deshalb nicht erfüllen, da sie in sich widersprüchlich und unvereinbar miteinander sind.
3. Willys Ideale (d. h. seine Leitbilder sowie ihre jeweiligen Lebenshaltungen) gehören ausschließlich der Vergangenheit an und sind daher weder zeitgemäß noch gültig.

4. Schritt:
The inadequacy of Willy's models (summary)

Im Grunde genommen haben wir nunmehr fast alle Kriterien zusammengestellt, um Willy Loman charakterisieren zu können. Daher sollen in diesem letzten Schritt auch keine neuen Ergebnisse erarbeitet werden, sondern es kommt lediglich darauf an, den Schülern die Identitätslosigkeit Lomans sowie deren Ursachen vollständig bewußt zu machen.

Zu diesem Zweck gehen wir von einem Millerzitat aus, das der Lehrer an die Tafel schreibt und zu dem die Schüler sich äußern sollen:

"And when asked what Willy was selling, what was in his bags, I could only reply, 'Himself'". (Introduction to CP, p. 141)

Dieses Zitat bietet einen Impuls, nochmals die Ursachen sowie die Auswirkungen dieser Identitätsschwäche zusammenzufassen. Allerdings erscheint es ratsam, sich zunächst zu vergewissern, ob jedem Schüler klar ist, was dieser Satz genau bedeutet. *What does it mean if someone is selling "Himself"? Try to explain Miller's statement.* Bei dem Versuch, dieses Zitat mit eigenen Worten zu umschreiben, werden die Schüler erklären müssen, daß Loman sein eigenes Wesen veräußert oder sein Naturell verleugnet, daß er Ideale und Ziele verfolgt, die seiner eigenen Persönlichkeit nicht entsprechen.

Je nachdem, wie es der Lehrer für erforderlich hält, kann er an dieser Stelle Lomans Identitätsschwäche mehr oder weniger eingehend behandeln. Eine abschließende Charakterisierung findet sich allerdings erst am Ende von *Unit 6*, weil man Miller erst dann gerecht wird, wenn man auch die gesellschaftlichen Aspekte berücksichtigt hat. Je klarer die einzelnen Zusammenhänge aber jetzt schon werden, desto leichter und selbstverständlicher lassen sich alle Komponenten am Ende von *Unit 6* zusammenfassen:

Auf jeden Fall sollte am Ende deutlich werden, daß Lomans Identitätsverlust aus seinen *wrong dreams* entsteht. Ebenso muß die Interpretation zeigen, daß Loman zwar durchaus an diesen Träumen und den sich daraus ergebenden Konsequenzen leidet, sie aber dennoch nicht in Frage stellt. Von daher ist es sinnvoll, auf den Gegensatz zwischen Willy und Biff zu verweisen, daß dieser sich von den Träumen des Vaters befreien und seine eigene Identität finden konnte. Auf diese Weise wird deutlich, daß die Lebenslüge für Loman schließlich zum unveräußerlichen Bestandteil seines Ich geworden ist und sein hartnäckiges Festhalten daran sein Identitätsproblem hervorruft.

Im Anschluß an dieses Ergebnis, vor allem aber ausgehend von der Feststellung, daß Willys Ideale nicht mehr zeitgemäß sind, stellt sich die Frage, welche Dramenpersonen es dann sind, die im Gegensatz zu Willy zeitgemäße Vorstellungen vertreten und worin sich deren zeitgemäßes Verhalten äußert. (cf. Vorbereitung der Hausaufgabe). Diese Fragestellung führt uns zu Howard, Charley und Bernard.

Hausaufgabe

Die Hausaufgabe dient dazu, den Einstieg in *Unit 6* (*Social Criticism in DS*) vorzubereiten. Um die Charakterisierung und Bedeutung der Randfiguren in einer Unterrichtsstunde bewältigen zu können, ist es unbedingt erforderlich, daß die Schüler die betreffenden Textstellen wiederholen und gut vorbereiten. (Text: pp. 54–60: *Howard's office*; pp. 64–71: *Charley's office*). Indem man ihnen zusätzliche Leitfragen (vgl. Stundenblatt) an die Hand gibt, die sie in wenigen Sätzen schriftlich beantworten sollen, schafft man günstige Voraussetzungen für eine zügige Interpretation. Diesen schriftlichen Teil könnte man u. U. arbeitsteilig erledigen lassen: eine Gruppe versucht, Howard zu charakterisieren, die andere beschäftigt sich mit Charley und Bernard. Über die Kenntnis der entsprechenden Textstellen sollten aber alle Schüler gleichermaßen gut verfügen.

Unit 6
Social Criticism in DS

13. Stunde:
Society in DS

Didaktische Vorbemerkungen zur 13.–15. Stunde

Unit 6 (13.–15. bzw. 13./14. Stunde) verfolgt das Ziel, die gesellschaftskritischen Aussagen des Autors zu behandeln. Daß bei Miller die Kritik an der Gesellschaft immer auch mit einer Kritik am Verhalten des Individuums verbunden ist, wurde bereits in den Vorbemerkungen dargelegt. Was die persönliche Mitverantwortung Lomans betrifft, so wurde sie bereits in *Unit 5* behandelt. Wir haben gesehen, daß Loman unfähig ist, die veraltete Persönlichkeitskonzeption seiner Leitbilder sowie die Unvereinbarkeit der Werte, die sie repräsentieren, kritisch zu reflektieren. Dabei stellten wir fest, daß diese Leitbilder Loman zu falschen Träumen verführen, die ihn zwangsläufig an der Realität scheitern lassen. Da er dennoch an ihnen festhält und nicht zu der Erkenntnis gelangt, daß diese Vorstellungen falsch sein könnten, ergab sich aus seinen *wrong dreams* der Verlust seiner Identität.

Zu untersuchen bleibt die Frage, inwieweit Lomans Identitätsverlust nicht nur durch individuelle, sondern auch durch gesellschaftliche Faktoren hervorgerufen wird.

Miller kritisiert die Gesellschaft von einem doppelten Ansatz aus,

1. von einem zeitkritischen Ansatz, der sich gegen die Realität der modernen Industriegesellschaft richtet, und
2. von einem ideologiekritischen Ansatz, der sich gegen ideologische Vorstellungen des *American Dream* richtet, die diese gesellschaftliche Realität verschleiern. (vgl. hierzu P. Goetsch, Zeitkritik, S. 112).

Denn Loman hält nicht allein an diesen falschen Träumen fest, weil er auf Grund seiner persönlichen Schwäche nicht in der Lage ist, diese Träume zu reflektieren, sondern auch, weil er die moderne Industriegesellschaft als unbefriedigend und unzulänglich empfindet und deshalb gegen diese Wirklichkeit protestiert. Die moderne Gesellschaft, die den Wert des Individuums auf seine Funktion reduziert, ist also für Miller Inbegriff dessen, was Loman in der Entfaltung seines *individual pursuit of happiness* beeinträchtigt und seine persönliche Autonomie und Integrität bedroht (zeitkritischer Aspekt). Infolge dieser Bedrohung flüchtet sich Loman in seine Träume, die ihm die Möglichkeit individueller Selbstverwirklichung versprechen.

Sein Irrtum besteht darin, daß er meint, die veraltete Lebenskonzeption seiner Leitbilder auch in der gegenwärtigen Gesellschaft noch verwirklichen zu können. Dies aber ist nach Millers Auffassung kein individueller Irrtum, der Loman als „untypischen Sonderfall" auszeichnet. Denn diese überholten Werte und Ideale sind in der gegenwärtigen Gesellschaft nach wie vor virulent. Sie dienen dazu, die Realität zu verschleiern und den Mitgliedern dieser Gesellschaft die Illusion zu vermitteln, daß Amerika nach wie vor das Land unbegrenzter Möglichkeiten sei, wo sich jeder nach eigenen Vorstellungen verwirklichen könne und individueller Aufstieg auch für einen Willy Loman jederzeit realisierbar sei.

Mithin richtet sich Millers Kritik gegen die Gesellschaft, die solche falschen Leitbilder hervorbringt und die Illusionen ihrer Mitglieder bewußt toleriert (ideologiekritischer Ansatz).

Dementsprechend besteht das Unterrichtsziel darin, die Schüler für fragwürdige Normen und unbefriedigende Verhaltensweisen dieser modernen Gesellschaft zu sensibilisieren (zeitkritischer Aspekt); sie sollen erkennen, wie schwierig es ist, sich in dieser Gesellschaft zu orientieren, die dem Verfall alter Leitbilder keine neuen entgegenzuhalten hat, gleichzeitig aber an der immer noch nachwirkenden Ideologie festhält und ihre Mitglieder dadurch bewußt über gegenwärtige Unzulänglichkeiten hinwegtäuscht (ideologiekritischer Aspekt).

Daß Miller diese Aussagen nur indirekt trifft und seine Gesellschaftskritik nicht zuletzt deshalb von manchen Kritikern als vage und verschwommen abgetan wird, wurde bereits erwähnt (vgl. Vorbemerkungen). Zweifellos erschwert diese lediglich implizit enthaltene Kritik sowie die Tatsache, daß Miller sogar die Vertreter dieser Gesellschaft keineswegs als unsympathisch darstellt, auch die schulische Interpretation.

Das vorliegende Unterrichtsmodell versucht dieser Schwierigkeit in zweifacher Hinsicht zu begegnen: Zum einen wurde der Rahmen der *Notes on Interpretation* von *Unit 6* bewußt weiter gesteckt; er umfaßt auch Gesichtspunkte, die im Erwartungshorizont des Stundenblatts nicht explizit aufgenommen wurden und gibt dem Lehrer dadurch die Möglichkeit, im Bedarfsfall zusätzliche Aspekte in die Interpretation einzubringen.

Zum anderen werden zwei alternative Vorschläge angeboten, wie man das gesellschaftskritische Anliegen des Autors einsichtig machen könnte. Beide Vorschläge versuchen, den o. a. doppelten Ansatz der Gesellschaftskritik zu erarbeiten, ohne jedoch die theoretisch vollzogene Trennung zwischen zeit- und ideologiekritischem Ansatz den Schülern bewußt zu machen. Denn bei der Planung trägt diese Trennung zwar zur Klärung des Sachverhalts bei und erleichtert dem Lehrer die Auswahl der zu behandelnden Gesichtspunkte, doch in der Praxis lassen sich die beiden Aspekte nicht immer streng voneinander trennen.

Der erste Vorschlag ist der zeitlich umfassendere. Er versucht, eigene Stellungnahmen der Schüler zu provozieren, den Komplex des *American Dream* zu vertiefen und die Schüler möglichst zu einer eigenen kritischen Bewertung des Stückes zu veranlassen. Bei dem zweiten Vorschlag handelt es sich eher um eine verkürzte und vereinfachte Darstellung der Problematik. Die beiden Aspekte „Unzulänglichkeit der gesellschaftlichen Realität" und „*American Dream*/Ideologiekritik" werden auf das Wesentliche beschränkt.

Während der erste Weg dem Schüler relativ viel Selbständigkeit abverlangt, wird beim zweiten in einem stark lehrerzentrierten Verfahren versucht, ein abschließendes Tafelbild zu erstellen und daraus die wesentlichen Aussagen des Autors herzuleiten.

Es bleibt dem Lehrer überlassen, welchen der beiden Vorschläge er im betreffenden Fall für den geeigneteren hält. Die Unterrichtsplanung im einzelnen ergibt sich wie folgt:

Für beide Vorschläge gemeinsam soll in der 13. Stunde am Beispiel von Howard, Charley und Bernard die Realität dieser modernen Gesellschaft beschrieben werden mit dem Ziel, deren zeitgemäße Vorstellungen und Verhaltensweisen zu denen Lomans in Beziehung zu setzen (1. Schritt: *The minor characters as representatives of modern society*). Dabei wird es sich nicht vermeiden lassen, erneut auf Lomans individuelle Schwächen einzugehen; denn man sollte versuchen, den klischeehaften Eindruck zu vermeiden, mit Loman sei einmal mehr der typische kleine Mann von der Straße den anonymen, ausschließlich auf Effektivität und Profit bedachten Mächten zum Opfer gefallen. Die drei Randfiguren dagegen sind nicht um ihrer selbst willen interessant, so daß man sich auf die wesentlichen Merkmale ihres Verhaltens beschränken und sie in einer Unterrichtsstunde behandeln kann. Anschließend verläuft der Unterricht nach den o. a. alternativen Vorschlägen.

1. Variante (14./15. Stunde)

Um den zeitkritischen Aspekt herauszuarbeiten, befassen wir uns erneut mit dem Dramenende und der Bedeutung von Lomans Tod. Die Frage nach dem Motiv für seinen Selbstmord wurde schon einmal angeschnitten (vgl. 8./9. Stunde, 2.

Schritt), doch soll jetzt versucht werden, über den materiellen Aspekt (*the guaranteed twenty-thousand-dollar proposition*, p. 91) hinaus, den Schülern einsichtig zu machen, daß Lomans Selbstmord einerseits zwar als sinnlos betrachtet werden kann, daß Willy andererseits aber aus seinem subjektiven Verständnis heraus versucht, auf diese Weise seine persönliche Würde zu bewahren, die ihm die Gesellschaft zu Lebzeiten verweigerte (1. Schritt: *Willy's suicide: an absurdity or an attempt at securing his individual integrity?*).

Daraus ergibt sich die Frage, die auch in der Sekundärliteratur als zentrales Anliegen gilt: Ist es Miller gelungen, am Beispiel Willy Lomans die Mißstände der gegenwärtigen Gesellschaft anzuprangern und ein kritisches Urteil über Amerika abzugeben, oder bleibt das Stück am Ende doch nur ein „beschränktes Charakterdrama" und „eine tiefergehende Gesellschaftskritik von vornherein zum Scheitern verurteilt" (vgl. Mennemeier, Vorbemerkungen)?

Ausgehend von zwei kontroversen Stellungnahmen der Sekundärliteratur sollen die Schüler versuchen, zu einer eigenen Bewertung des Stückes zu gelangen (2. Schritt: *Individual or social reasons for Loman's failure? – A critical evaluation of the play*).

Anschließend wird die Thematik des *American Dream* vertieft (3. Schritt: *The failure of the American Dream*). Wir fragen nach seinen ursprünglichen Idealen, überprüfen, inwieweit Loman sich ihnen verpflichtet fühlt und stellen sie den tatsächlichen Normen der gegenwärtigen Gesellschaft gegenüber. Aus dieser Gegenüberstellung lassen sich Verfall und Kehrseite des *American Dream* ablesen. Sie zeigt, weshalb Willy Loman scheitern mußte und macht gleichzeitig deutlich, was der Autor an der Realität dieser modernen Gesellschaft bemängelt (4. Schritt: *The inadequacy of modern society*).

2. Variante (14. Stunde)

Im Anschluß an die Beschreibung der Randfiguren (Howard, Charley, Bernard) wird versucht, die wesentlichen Ergebnisse von *Unit 5* und *6* zusammenzufassen und in komprimierter Form in einem Tafelbild darzustellen. Es zeigt Loman im Spannungsfeld zwischen seinen Idealvorstellungen und den tatsächlichen Verhaltensweisen der modernen Gesellschaft, d. h. zwischen Mythos und Realität. (1. Schritt: *Social reasons for Willy's failure*). Aus dieser Darstellung versuchen wir, Millers Gesellschaftskritik abzuleiten. Die Schüler sollen begreifen, weshalb Loman die gegenwärtige Gesellschaft als unzureichend empfindet und verstehen, wogegen er sich auflehnt (2. Schritt: *The inadaquacy of modern society*). Sie sollen ferner erkennen, daß Loman gesellschaftlichen Leitbildern zum Opfer fällt und daß die Vorstellungen, die diese Leitbilder vermitteln, in der amerikanischen Tradition verwurzelt sind – Ideologien, so P. Goetsch, die die gesellschaftliche Wirklichkeit verschleiern und dadurch Lomans Illusionen verursachen. (3. Schritt: *The American Dream*). Diese Einsicht läßt Millers Kritik verständlich werden und erlaubt eine abschließende Bewertung des Stückes (4. Schritt: *Critical evaluation*).

Notes on Interpretation zur 13.–15. Stunde

The interpretation given so far has tried to do justice to the individual weakness which led to Willy's suicide. Yet if one wanted to explain Willy's failure in terms of his loss of identity alone, the play would remain a *restricted character drama* (cf. Mennemeier) and we would probably conclude our interpretation as Ch. E. Eisinger does, thereby speaking for other critics who hold similar views:

"It is legitimate to ask where Miller is going. And the answer is that he has written a confused play because he has been unwilling or unable to commit himself to a firm position with respect to American culture. ... The play makes, finally, no judgement on America, although Miller seems always on the verge of one ... Willy is a foolish and ineffectual man for whom we feel pity. We cannot equate his failure with America's." (Ch. E. Eisinger, p. 174)

However, Miller always sees his plays as social dramas and considers himself as taking his place among the authors who criticize the American Way of Life. Using Loman as an example he criticizes modern industrial society which demands total commitment to success without regard to human values and which is, therefore, dominated by efficiency and competitive behaviour, by conformity, superficiality, anonymity, lack of connections and finally isolation and loneliness. In his essay "On Social Plays" Miller expresses this general discontentment:

"The deep moral uneasiness among us, the vast sense of being only tenuously joined to the rest of our fellows, is caused, in my view, by the fact that the person has value as he fits into the pattern of efficiency, and for that alone. The reason "Death of a Salesman", for instance, left such a strong impression was that it set forth unremittingly the picture of a man ... whose situation made clear that at bottom we are alone, valueless, without even the elements of a human person, when once we fail to fit the patterns of efficiency." (op. cit., p. 59/60)

This, of course, does not imply the idea that Loman's death is a necessity. Yet Miller wants to make clear – through the subjective view of his "low man" – that such a necessity is possible.

In the play it is Willy's boss Howard, Charley and Bernard who represent this modern mass society and embody the American Way of Life, which Miller seems to indict.

1. Howard

Bearing in mind Miller's intention of writing social plays, one is inclined to see the dismissal scene in Howard's office as an indictment of capitalism and to regard Howard as the ruthless and ice-cold capitalist who fires his reliable employee after many years of service for the firm. However, an interpretation like this is far too simple and one-sided. It ignores the fact that Loman is no longer up to his work, as his repeated car accidents show, and has actually been a burden for the company for a long time. Therefore it fails to take into account that on the one hand Loman's dismissal is merely in keeping with the requirements of modern business life and that on the other hand there is no evidence in the play that, despite Willy's inefficiency, Howard would have dismissed him, had Willy himself not touched on that problem.

Doubtlessly, the function of this scene is to juxtapose Willy's world with modern society, the contrast between which is symbolized by Miller's skillfull device of the taperecorder. When Willy stumbles over it, accidentally turning it on and is unable to turn it off again, this causes a hysterical breakdown which clearly shows his central problem: his inability to turn off his recorded past as well as his inability to keep pace with advanced technology and to cope with this modern, technical society. The machine is equally characteristic of Howard. Whereas Willy makes several futile attempts at pleading for a job in New York, Howard displays his enthusiasm about this taperecorder, being almost naive and simple-minded like a child, and demonstrates his pride concerning his son's geographical "knowledge". When he makes him recite the capitals of different states or when we listen to the recorded dialogue between him and his wife, which symbolizes the emptiness of their personal connections, we come to the conclusion that this sober matter-of-factness as well as his principle of achievement have already taken over in his private life, too. Howard may stand for the efficiency and the practical impersonality of modern society, but in no way is he depicted as the ruthless capitalist who unscrupulously sets Loman onto the street. It is rather his superficiality, his immaturity and lack of feeling, perhaps even a certain awkwardness that prevent him from taking notice of Loman's hopeless situation, so that we could agree with D. Welland when he says, "It is the nice guy forced into a situation that he doesn't know how to handle nicely and consequently only making the ugliness of it worse." (p. 40)

As a result he is relatively indifferent towards the memory of his father and the promises to which Willy constantly appeals. The obviously responsible attitude Howard's father had towards his fellow workers is no longer valid for the son and probably no longer in keeping with the times. Howard's primary concern is the flourishing of his firm, which he runs along rational lines alone.

Here again Miller reveals Loman's characteristical weakness: Willy realizes and complains that the principles of "comradeship, respect and gratitude" no longer apply to the business world of today, but instead of convincing arguments he puts forward his usual lies and, at the same time, he believes that personal connections can take the place of hard work and achievement. With his reproach "You can't eat the orange and throw the peel away", (p. 58) he appeals to personal dignity and humanity that he feels to be denied. He may arouse our sympathy and pity, yet he fails to take into account that Howard's rational decision is in keeping with the requirements of the business world, so that we may be "exasperated by his inability to see that, by his obtuse mishandling of Howard, he is throwing away any chance he may have." (D. Welland, p. 40).

Seen in this light his dismissal appears to be justified.

Charley and Bernard

It is basically Charley and his son Bernard who come closer to the popular image of a successful businessman. They have no dreams of being popular nor instant recipes for quick success and do not have the personal attractiveness which Willy regards as the necessary prerequisite for success. Yet both are successful and respected and thereby serve as a contrast to the Lomans and as living proof that Willy's views and ideals are wrong.

Charley is no dreamer like Willy, but faces life in a practical, down-to-earth manner and usually behaves in an unemotional and controlled way. In the stage directions he is introduced as "slow of speech, laconic and immovable" (p. 29). He does not show the spontaneity the Lomans have, but has conformed to the sober world of business, whose rules he tries to explain to Willy:

"Willy when're you gonna realize that them things don't mean anything? You named him Howard, but you can't sell that. The only thing you got in this world is what you can sell." (p. 70)

Due to his conformism, willingness to compromise and hard work he enjoys material success. On the other hand – as opposed to Willy – he has lost a large part of his individuality and has also subordinated sentiment to matter-of-factness and reason. Therefore he has never developed such an intense relationship towards his son as Willy has. He does not set store by greatness or success, but is content to be no more for Bernard than a man who always knows how to conform to the demands of life.

To explain his son's successful career Charley refers to his own indifference and to his maxims of not showing interest in anything. Of course, this is not to be taken literally, for he is sufficiently concerned about Willy to lend him money and to even offer him a steady job. Despite Willy's insults and jealous hostility Charley remains sympathetic with the Lomans, thus proving himself to be a true friend.

Bernard is set against Biff for contrast. He could never compete with the athletic Loman boys as far as sport was concerned; and neither he nor his father has the manual skill of the Lomans. Yet despite Willy's predictions that the bespectacled, "anemic" Bernard, who does not "make an appearance" and does not "create personal interest", is never likely "to get ahead" (p. 22), we find that the adult Bernard has made his way in life. Whereas Biff stayed on the sports field and won glory as a footballer, Bernard got down to his studies, passed exams and then dedicated himself with equal perseverance to his professional career. In the present, Willy's disparaging judgement about Bernard the "worm" turns out to be ironic: When Willy accidentally meets him in Charley's office we find that Bernard has achieved exactly what Willy has striven for all his life for himself and his sons. He has grown into "a quiet, earnest, but self-assured young man" (p. 64), who is married, has two children and is just on his way to a court case which as a successful lawyer he is to conduct before the Supreme Court in Washington. In short, he is respected, rich and popular, a man who has reached the top. Like his father, he too shows that ability, perseverance and hard work rather than the outward appearance or being well-liked are of prime importance for material success and social recognition.

Like Charley, Bernard has not lost his attachment to nor his affection for the Lomans either; he is modest and tactful enough not to boast about with his success and to treat Willy in a respectful manner. In the past he wanted to help Biff with his studies, now he is prepared to sit down and to talk to Willy about Biff. He is still interested in getting to the bottom of Biff's loss of confidence and change in attitude and shows the same genuine sympathy towards the Lomans as does Charley.

The dramatic significance of the two scenes in Howard's and Charley's offices is that they reveal a certain inevitability with which Loman approaches his suicide. In his decisive talk with Howard, Loman makes it clear that he is not in a position to act as the situation demands and to conform to business facts. Even after his dismissal he is obviously unable to face his situation realistically, but turns down Charley's offer of a job which would at least have improved his financial situation. Here again Miller's criticism is directed against Loman himself: A consciousness of mutual rivalry which, despite their helpfulness and their concern, makes him see even Bernard and Charley as rivals, whom he must outdo, pushes him further and further into loneliness and social isolation. Therefore it would be wrong to see him solely as the passive victim of society or even of a capitalist system.

Miller, too, rejects this view when he says,

"the most decent man in *Death of a Salesman* is a capitalist (Charley) whose aims are not different from Willy Loman's! The great difference between them is that Charley is not a fanatic." (CP, p. 150)

Seen in this way, Charley and Howard are the American Everymen just as much as Willy Loman is. They are all "of the same class, the same background, the same neighborhood" (CP, p. 151), but, in contrast to Willy Loman, they have conformed to the norms of the business world and are guided by them even in their personal relationships. Loman, however, "has tremendously powerful ideals" (Morality and Modern Drama, p. 198); when he cries out to Biff "I am not a dime a dozen! I am Willy Loman, and you are Biff Loman!" (p. 97), he clearly shows that he does not want to be the anonymous cipher of modern society. Likewise in his strife for recognition and social esteem, in his adherence to the popularity cult as well as in his constant attempts to plant and accomplish something with his hands, we see the understandable desire to lead a fulfilling life planned along his own lines and to play an individual, unmistakable role in the faceless society – a desire which reveals fundamental concepts of the American Dream (cf. Goetsch, Mennemeier).

Yet in this respect Loman fails because, according to Miller's interpretation, this fundamental concept of

"the absolute value of the individual human being is believed only as a secondary value; it stands well below the needs of efficient production" and can no longer be made to come true in a modern industrial society. (On Social Plays, p. 60)

Using Loman as an example – someone who suffers from this loss of individuality and personal dignity and who cannot come to terms with the norms of efficiency and conformity, Miller criticizes modern society; he reveals it to be impersonal, ill-directed and unsatisfactory for the individual.

Especially as the impotent little man-in-the-street Willy is not able to develop individual values on which he could rely (cf. Unit 5). In his search for orientation and his desire to adjust he is, therefore, dependent solely on the values society offers him. Yet this modern society offers no help because the ordinary social realities and values are no longer adequate. Nor does it any longer constitute a unity where the individual could find his right place; because of its plurality, mechanization and anonymity it offers the individual neither a generally valid standard nor the possibility of finding one's bearings, so that it cannot fulfill Loman's demands for reliable values or personalities to model his own life on.

The unique personality in a conventional sense has lost its validity, as shown by the example of Willy's father or that of Dave Singleman. Also none of the living figures in the play close to Willy – neither Linda nor one of his sons – has a personality strong enough to break through Willy's isolation and to tear him away from his world of illusion. Nor has Howard or Charley. They are merely mass produced individuals who are characterized by their functional nature and are, therefore, not able to offer a true and valid alternative. This is exactly where Miller's criticism takes up again. Loman is only one of many and, having been exposed so much to typically American dreams and ideals, he dreams the *American Dream*. He lives in a country where the common man is said to be free to build his life according to his natural abilities, which seems to offer everybody the same possibilities of social advancement and where everything depends on personal ability and the effort of the individual; hence he can rise from rags to riches. The worth of the individual is correspondingly measured according to how far he has gained material success. Only this success brings social recognition – the "being well-liked", which Loman adheres to. If this success is not achieved over a long period of time, this social failure is felt as a personal failure; it then leads to a feeling of worthlessness and finally to a crisis concerning one's purpose in life: Loman's identity crisis.

When in the requiem Charley justifies Willy's dreams as an occupational necessity, this is not a romanticized, sentimental view of a salesman, as some critics believe. On the contrary, Charley makes it clear that he has no illusion, but is down-to-earth when he says:

"Willy was a salesman. And for a salesman, there is no rock bottom to the life. ... A salesman is got to dream, boy. It comes with the territory." (p. 102).

In contrast to Willy he has accepted as a matter-of-fact that there is a discrepancy between reality and our belief, which actually causes dreams. He knows that especially as a salesman Willy is forced by society, at least to a certain extent, to rely on personal contacts and to acquire a more versatile, practical and successful way to behave which satisfies the demands of the business world: Only the salesman who can sell himself well is rewarded with the longed-for success. This, however, requires an independent and internally strong personality which is able to clearly recognize reality and to critically evaluate its social and moral standards. Yet it is exactly this which Loman is not capable of doing. It is, therefore, essentially Willy's insufficient perception of reality, or more precisely, his inability of adopting a critical and pragmatic attitude towards its social standards and ideals, which distinguishes him from a Charley.

So Loman, whose values are determined from the outside and who is dependent on social recognition, hunts for the idols of the modern business world.

With his excessive exaggerations and his stereotyped references to "being vital to New England" he tries to hide his failure, to pretend to himself that he is indispensable to the firm as well as make his family believe in the successful, popular salesman. He actually needs this belief for his own self-esteem, since in reality he has been a burden to Howard for a long time, and on his business trips, as his recollections bring to light, he is not surrounded by lots of friends who wait for him to come. The more Loman tries to conform to these socially determined values the more he distances himself from his aim of being a "modern personality", so that in the end the unity of individuality and social environment no longer exists for him. He has become entangled in a vicious circle of failure which dissociates him from his environment. He fails because he has wrong dreams, and he has these wrong dreams because he is no longer integrated in society.

At the end of the play when Willy is discussing his suicide plan with Ben, it becomes clear just how false, yet how deeply rooted in Loman these dreams of success and popularity are:

"But the funeral, Ben, ... will be massive! The'll come from Maine, Massachusetts, ..., New York, New Jersey – I am known, Ben, and he'll see what I am, Ben! He's in for a shock, that boy!" (p. 92)

The parallel between Willy's mental picture of his funeral and his idol Dave Singleman is unmistakable. Obsessed with the absurd idea of being worth more dead than alive, he commits suicide and is convinced that dead he can prove just how popular he is as well as being able to help Biff start his longed-for career. Yet the requiem which follows shows that this dream of a big funeral is wrong and that his firm belief "He'll see what I am, Ben!' is, on the contrary, totally distorted, since Biff freed himself from his father's dreams and has come to realize who he is. Again and again he tried to make it clear to Willy that the Lomans' lives had been built on the false premise of thinking of success only and on the feigned existence resulting from this. Willy, however, withdrew into his dreamworld, seeking protection from reality which threatens him on all sides. Unlike Biff, he cannot face the truth and acknowledge the Loman's insignificance and limitations, because this would mean the collapse of his ideals, his dream and his hope that at least his sons could achieve what has passed himself by; it would make him aware that his whole life was built on illusion and consequently shatter his ego. Therefore Willy's holding on to illusion is a mental defence reaction which ultimately becomes an existential necessity and by which he desperately tries "to secure his sense of personal dignity". (cf. A. Miller, *Tragedy and the Common Man*, p. 4)

When he rejects Charley's offer of a job or when he repeatedly evades the issue in the final confrontation with Biff, he desperately tries to postpone the collapse of his dream and in the end prefers to sacrifice his life rather than his illusion. Inasmuch however, as Loman's belief in ultimate success only leaves him the possibility of self-manipulation and illusion, Miller criticizes this society which reveals itself as being hostile to individual integrity and autonomy.

With Loman's death Miller makes it clear that he no longer believes in the American Dream. He dissociates himself from the belief that America is "the greatest country in the world" (cf. Willy, p. 9), where the dream of infinite possibilities, of untrammelled individualism, personal self-realization and creative freedom can come true. Loman's crisis, his loss of "Himself" mirrors the American crisis: the falsity of Loman's dreams implies that the society that fosters such dreams is also at fault. As Loman's suicide proves, dreamlike concepts like these are dangerous because they reveal themselves as a self-destructive force in society.

Concluding, one might agree with R. Hayman:

"*Death of a Salesman* is, I think, one of the greatest American plays ever written.... Willy Loman's values are very much those of contemporary society – the American Dream that the rest of the world mimics – and his downfall derives both from his personal failure in relation to his values and from the failure of the values themselves ... Willy Loman articulates through the way he lives and dies the latent self-destructiveness of a society in which the false promises of advertising corrode not only our business lives but our personal relationships." (R. Hayman, op. cit., p. 37)

Also the form of the final scene is comprehensible in the light of this criticism of ideology. P. Goetsch (Zeitkritik, S. 116) rightly refers to the fact that Loman's funeral must actually be shown on stage as a real event. Yet Miller clearly contrasts Loman's imaginary world and reality. A funeral march is heard, green leaves are projected onto the stage set and the characters walk through the imaginary wall to the apron. Through these unrealistic effects Miller expresses his view that Loman was less the victim of reality, but rather the victim of his dreams. Yet Miller knows that these dreamlike concepts continue to have an effect in society: at his father's funeral Biff is the only one who draws the conclusion that Willy's dreams were wrong: all the others contradict him. Equally expressive is the stage set. Before the curtain falls, the stage turns dark and the play actually draws to a close. The dream, however, remains, indicated by the flute music, as well as the threatening reality of the apartment houses which suppresses Willy's house and endangers his dream.

Unterrichtsverlauf

1. Schritt:
The minor characters as representatives of modern society

Wie durch die Hausaufgabe bereits vorgegeben, gliedert sich dieser Schritt in 2 Teile, in die Behandlung von a) Howard und b) Charley und Bernard. Letztere können gemeinsam besprochen werden und bedürfen im Hinblick auf das angestrebte Unterrichtsziel keiner weiteren Differenzierung.

Der Verlauf dieser Stunde ist im einzelnen nicht vorauszuplanen. Er wird bestimmt von Art und Umfang der Ergebnisse, die die Schüler zu Hause erarbeitet haben. Zu Beginn dieser Stunde werden die für die Hausaufgabe formulierten Leitfragen wieder aufgegriffen und von einzelnen Schülern beantwortet. Je nach Qualität dieser Beiträge wird es notwendig sein, durch neue und weiterführende Anstöße die Interpretation zu vertiefen. Daher wurde mit den zusätzlichen Impulsen im Stundenblatt versucht, möglichst allen Eventualitäten Rechnung zu tragen; bei guter Vorarbeit der Schüler wird sich die eine oder andere Frage als überflüssig erweisen.

Wie bereits in den Didaktischen Vorbemerkungen erwähnt, sollte man bei diesen Randfiguren keineswegs länger als eine Unterrichtsstunde verweilen. Denn wie bei Lomans Leitbildern geht es auch hier weniger um eine erschöpfende Behandlung von Charley, Bernard und Howard, sondern eher darum, mit wenigen Strichen die gesellschaftliche Realität zu skizzieren, an der Loman scheitert. Im wesentlichen sollten zwei Aspekte hervorgehoben werden: Auf der einen Seite wird erneut Willys individuelles Versagen deutlich, d. h. seine Unfähigkeit, sich den Erfordernissen der modernen Gesellschaft anzupassen. Auf der anderen Seite aber dient sein Versagen auch dazu, das Fragwürdige und Unbefriedigende dieser modernen Verhaltensnormen darzulegen. Allerdings sollte man bei der Interpretation (und zwar besonders bei der Entlassungsszene in *Howard's office*) schon frühzeitig erkennen lassen, daß Miller sich davor hütet, schwarz-weiß zu zeichnen. Loman ist ebensowenig das hilflose Opfer einer Wegwerfgesellschaft, die auch vor Menschen nicht Halt macht, wie Charley oder Howard als die rücksichtslosen oder gar eiskalten Vertreter der Profitorientierung dieser Gesellschaft angesehen werden können. Deutlich werden sollte eher, daß diese Gesellschaft neben Erfolgs- und Leistungsdenken auch von Rationalität und nüchterner Sachlichkeit beherrscht wird, was sich nicht nur in der Geschäftswelt äußert, sondern auch im privaten Lebensbereich. Sie erlaubt einem Howard nicht, auf vergangene Ideale oder Versprechungen einzugehen, sondern verlangt von ihren Mitgliedern Anpassung an die geltenden Normen und läßt ihnen wenig Raum, sich jenseits dieses Erfolgsprinzips frei und individuell zu verwirklichen.

Indem man diese Aspekte betont, dürfte dem Schüler schließlich klar werden, daß

Loman mit seinen Vorstellungen von persönlicher Selbstverwirklichung einerseits sowie seinen Träumen vom schnellen, mühelosen Erfolg und seinem Glauben, daß *personal attractiveness* oder *contacts* tatsächliche Leistung ersetzen könnten, notwendigerweise scheitern muß.

14./15. Stunde:
Willy Loman Between Myth and Reality

Didaktische Vorbemerkungen
vgl.13. Stunde

Notes on Interpretation
vgl. 13. Stunde

Unterrichtsverlauf

1. Schritt:
Willy's suicide: an absurdity or an attempt at securing his individual integrity?

Bevor wir näher auf die gesellschaftskritischen Implikationen eingehen und zu einer abschließenden Bewertung des Stükkes kommen, wollen wir nochmals die wesentlichen Gründe für Lomans Selbstmord zusammenfassen und überlegen, welches Ziel er eigentlich mit seinem Tod verfolgt.

Es soll in diesem Schritt nochmals deutlich werden, daß Loman nicht nur als hilfloses, passives Opfer verstanden werden darf, das sich aus Ratlosigkeit und Verzweiflung über seine materielle Lage und den Vater-Sohn-Konflikt das Leben nimmt, sondern daß sein Selbstmord ein letzter Versuch ist, die Realität nach seinen eigenen Vorstellungen umzugestalten: Mit seinem Tod glaubt er schließlich doch noch erreichen zu können, was ihm im Leben versagt blieb, nämlich Anerkennung und Erfolg – vermeintliche Voraussetzungen für die persönliche Würde eines Menschen.

Sowohl in *Unit 5* als auch in der vorangegangenen Auseinandersetzung mit den *representatives of modern society* wurden immer wieder Lomans persönliche Unzulänglichkeiten betont. Daher werden die Schüler auf die Frage nach den Gründen für seinen Selbstmord diesen vorwiegend als individuelles Schicksal deuten bzw. als Resultat individuellen Versagens. In diesem Zusammenhang können dann nochmals die Interpretationsergebnisse von *Unit 5* hervorgehoben werden: Loman verkennt bis zu seinem Ende die Realität und ist so sehr in seinen falschen Träumen befangen, daß er sogar bereit ist, sein Leben für sie zu opfern. Gerade dieses beharrliche Verleugnen der Wirklichkeit aber beraubt ihn seiner persönlichen Würde und Integrität und erlaubt es, ihn als pathologische Persönlichkeit zu charakterisieren.

Die Erfahrung im Unterricht hat gezeigt, daß Schüler durchaus in der Lage sind, die vordergründige Komponente, d. h. die erhoffte Auszahlung der Versicherungssumme als Motiv für Lomans Selbstmord zu akzeptieren. Über diesen materiellen Aspekt hinaus aber in Willys Tod den Versuch zu erkennen, seine individuelle Würde zu bewahren, dies nachzuvollziehen fällt den meisten Schülern schwer. Dabei bietet es sich u. U. an, erneut den Text heranzuziehen und die Schüler nochmals auf die unterschiedlichen Reaktionen der am Requiem beteiligten Personen hinzuweisen, da diese im Kern bereits die verschiedenen Auslegungsmöglichkeiten enthalten (cf. *Unit 5*, 10. Stunde). Doch sollte man darauf achten, daß die Diskussion sich nicht zu sehr in bereits ausgetretenen Pfaden bewegt. Die Leitfrage *What has*

Willy failed to realize as far as Biff is concerned? als auch die folgende Frage *Why is Willy not able to give up his dreams?* müssen nicht unbedingt gestellt werden; sie sind dazu gedacht, je nach Diskussionsverlauf, das Augenmerk der Schüler auf zwei wesentliche Aspekte zu lenken.

Aus der objektiven, realistischen Sicht erscheint Willys Selbstmord sinnlos und absurd, da er sein vordergründiges Ziel von persönlicher Anerkennung und materiellem Erfolg für Biff nicht erreicht hat. Doch im Hinblick auf Millers Gesellschaftskritik ist es nicht minder wichtig hervorzuheben, daß Loman andererseits ohne seine Illusionen nicht leben kann; daß die Wahrheit, mit der Biff ihn konfrontiert, nicht nur den Zusammenbruch seiner Träume bedeuten würde, sondern, da diese inzwischen für ihn zur existentiellen Notwendigkeit geworden sind, gar die Zerstörung seines Ich. Aus seinem subjektiven Verständnis heraus stellt also sein Selbstmord den Versuch dar, dieses Ich, d. h. seine persönliche Integrität, Würde und Autonomie zu behaupten, die die gesellschaftliche Realität ihm streitig macht. Millers eigene Deutung, daß es sich bei Loman um einen Charakter handle, *who is ready to lay down his life ... to secure ... his sense of personal dignity* (vgl. *Notes on Interpretation*) ist geeignet, den Unterrichtsschritt abzurunden.

2. Schritt:
Individual or social reasons for Loman's failure? – A critical evaluation of the play

Der 2. Schritt verfolgt das Ziel, die gesellschaftskritische Position des Autors näher zu betrachten und – soweit es in diesem Rahmen möglich ist – das Drama kritisch zu bewerten. Zu diesem Zweck vervielfältigen wir zwei repräsentative Auszüge aus der Sekundärliteratur, (R. Hayman und Ch. T. Eisinger, vgl. *Notes on Interpretation*), lassen sie laut lesen und überprüfen zunächst das Textverständnis. Eine anschließende Schematisierung dieser Aussagen an der Tafel soll den Schülern helfen, sich den grundlegenden Gegensatz beider Positionen zu vergegenwärtigen. Einerseits bieten diese kontroversen Stellungnahmen dem Schüler den nötigen Anreiz, eine eigene Position zu beziehen und sie gegenüber seinen Mitschülern zu vertreten, andererseits stecken sie für die sich ergebende Diskussion einen festen Rahmen ab. Die letzte Frage *Does Miller finally make a judgement on America or not?* führt unmittelbar zu einem der zentralen Diskussionspunkte der Sekundärliteratur. Die Schüler sollen einsehen, daß Miller neben den bereits erarbeiteten individualpsychologischen Faktoren Lomans Scheitern auch auf gesellschaftliche Ursachen zurückführt. Da Lomans Träume aus eben dieser Gesellschaft hervorgegangen sind und die gegenwärtige Gesellschaft ihm nach wie vor die Verwirklichung seiner Träume vorgaukelt, obwohl die Realität ihnen nicht entspricht, ist sie nach Millers Auffassung mitschuldig an Lomans Schicksal.

3. Schritt:
The failure of the American Dream

In diesem Schritt soll versucht werden, den Bezug herzustellen zwischen dem *American Dream* bzw. Lomans Idealen auf der einen Seite und der Realität der modernen Gesellschaft auf der anderen Seite, um auf diese Weise das vorgegebene Unterrichtsziel zu erreichen. Die kritische Stellungnahme von R. Hayman bietet dazu weiterhin den geeigneten Ausgangspunkt.

Je nach Diskussionsverlauf empfiehlt es

sich, zu einem geeigneten Zeitpunkt das Unterrichtsgeschehen in die gewünschte Richtung zu lenken, indem man die Schüler dazu anhält, Haymans Behauptung am Text zu überprüfen. Wie im Stundenblatt vorgesehen, sollte man die Schüler zunächst einmal wiederholen lassen, was sie unter dem Begriff des *American Dream* verstehen. Denn ein grundlegendes Verständnis sowie eine gemeinsame Übereinkunft sollten unbedingt gewährleistet sein, bevor man mit diesem Begriff weiterarbeitet. Die Ideale und Wertvorstellungen, die die Schüler aufzählen, werden an der Tafel festgehalten. Wer zeitökonomischer verfahren möchte als im Stundenblatt vorgesehen, könnte diesen Katalog an Werten und Idealen auch selbst an die Tafel schreiben und dann die Schüler fragen, mit welchem Oberbegriff sie diesen Katalog versehen würden und was man diesen Idealen sinnvollerweise gegenüberstellen könnte.

Anschließend sollen die Schüler am Text belegen, inwieweit Lomans Ideale sich aus dem *American Dream* herleiten lassen oder mit ihnen übereinstimmen. Dieses Belegen am Text erfordert vom Schüler einen Überblick über das gesamte Drama und zeigt dem Lehrer, inwieweit der Schüler in der Lage war, der bisherigen Interpretation zu folgen. Um den Schülern ausreichend Zeit zu geben, soll diese Aufgabe während einer Stillarbeitsphase, ggf. in arbeitsteiliger Partnerarbeit, bearbeitet werden. Im Anschluß daran werden die Ergebnisse integriert.

Die Erwartungen im Stundenblatt können nur exemplarischen Charakter haben, denn im Grunde genommen ist das ganze Stück ein einziger Beweis für die Wirksamkeit der Ideologie des *American Dream*. Daher sind Lomans Äußerungen, die belegen, wie sehr er dem *American Dream* verhaftet ist, zu zahlreich, als daß sie hier alle aufgenommen werden könnten. Entsprechendes gilt auch für die Arbeitsergebnisse der Schüler.

Obwohl also dieser Arbeitsauftrag in seiner Bedeutung nicht zu unterschätzen ist und ebenso wenig in der zeitlichen Dauer, die er beansprucht, wurden die Ergebnisse bewußt nicht ins Tafelbild übernommen; sie würden das zu erstellende Spiegelbild *American Dream – Social Reality* in seiner Klarheit nur unnötig beeinträchtigen. Ebenso will die Frage *Are there any ideals which you would favour?* verdeutlichen, daß ursprünglich der *American Dream* allgemein erstrebenswerte Ziele beinhaltete, so daß die Schüler anschließend um so leichter den Kontrast zwischen Ideologie und Wirklichkeit erkennen können.

Diese Gegenüberstellung von Idealen und gesellschaftlicher Wirklichkeit soll jetzt angeschlossen werden. Es ist das Ziel, in einem fragend-entwickelnden Unterrichtsgespräch zu zeigen, daß ursprünglich positive Ansätze sich in ihr Gegenteil verkehrt haben und daß die amerikanische Gesellschaft eine Entwicklung genommen hat, die der Autor hier beklagt. Da Miller es aber gerade vermeidet, diese moderne Gesellschaft einseitig darzustellen, soll durch das Tafelbild versucht werden, aus der Abstraktion und der bewußt gewählten Vereinfachung heraus diese Gegensätzlichkeit *Dream-Reality* eher ersichtlich zu machen. Der Schüler soll auf diese Weise erkennen, daß die Verwirklichung des *American Dream* an der gesellschaftlichen Realität scheitert und daß eben deshalb auch Willy Loman scheitert.

Die abschließende Frage *Do you understand that Loman suffers from this social environment?* ist im Grunde schon direkt auf Millers Gesellschaftskritik ausgerichtet. Sie ermöglicht dem Schüler, seinen eigenen Erlebnis- und Erfahrungsbereich als Ausgangspunkt für die weitere Behandlung dieses Themas zu benutzen.

4. Schritt:
The inadequacy of modern society

Anschließend kann man erwarten, daß der Schüler in der Lage ist, fundiert zu Millers Zeit- und Gesellschaftskritik Stellung zu nehmen und sich zu dem Problem der gesellschaftlichen Verantwortung für Lomans Schicksal zu äußern.

Freilich sollte man nicht versäumen, abschließend zu klären, daß bestimmte Spielarten des *American Dream* noch immer in der Gesellschaft weiterleben. Die Frage nach den Gründen für die breite Rezeption des Stückes führt dahin, daß Loman als *common man* zu verstehen ist, mit dem sich breite Bevölkerungsschichten nicht zuletzt deshalb identifizieren können, weil sie ihre eigenen Träume in denen Lomans wiedererkennen, d. h. in ideologischen Vorstellungen des *American Dream*.

Damit wäre die exemplarische Funktion Willy Lomans im Hinblick auf die Gesellschaftskritik belegt. Nach Auffassung des Autors aber sind diese ideologischen Vorstellungen nicht nur unbefriedigend für den Einzelnen, sie sind auch gefährlich, da sie eine „latente Selbstzerstörung der Gesellschaft" beinhalten, wie sie auch R. Hayman betont. Dennoch sollte deutlich werden, daß Lomans Tod keine Notwendigkeit ist (vgl. Charley, Bernard und Howard), daß diese ideologischen Vorstellungen jedoch die Wirklichkeit verschleiern und deshalb zur Verblendung führen *können*.

Wer diese Erkenntnis abrunden möchte, kann den Schülern das entsprechende Zitat des Autors aus seinen *Collected Plays* vorlegen (vgl. *Notes on Interpretation*), in dem die Schüler bestätigt finden, was sie selbst erarbeitet haben.

Alternativplanung zur 14./15. Stunde [14. Stunde]

Unterrichtsverlauf

1. Schritt:
Social reasons for Willy's failure

Um die über mehrere Stunden etappenweise erarbeiteten Ergebnisse zu sichern, erstellen wir abschließend ein Tafelbild, in dem die wesentlichen Aspekte von *Unit* 5 und 6 integriert werden. Da die Schüler nicht wissen können, wie diese zusammenfassende Darstellung im einzelnen aussehen soll, muß der Lehrer sie größtenteils selbst übernehmen. Die Schüler werden aber insofern mit einbezogen, als sie eine erklärende Funktion übernehmen (vgl. Fragen im Stundenblatt), was letztlich einer Ergebniskontrolle gleichkommt. Bei gründlicher Vorarbeit dürften diese Erklärungen unmittelbar abrufbar sein und nur wenig Zeit beanspruchen.

Wir gehen aus von Willys gespaltenem Bewußtsein, das der Lehrer durch einen in der Mitte geteilten Kreis veranschaulicht. Wer möchte, kann Gegenwart und Vergangenheit wieder farbig zeichnen, um den Gegensatz sichtbarer hervorzuheben.

Die beiden Teile verdeutlichen auf der einen Seite (Vergangenheit) Lomans Träume, Hoffnungen und Ideale, auf der anderen Seite (Gegenwart) seine Konflikte und sein Versagen. Ferner veranschaulicht der mittlere Kreis Lomans nahes Umfeld: In der Gegenwart seine Familie, die jedoch nicht geeignet ist, ihm bei der Bewältigung seiner Konflikte zu helfen, sondern eher dazu beiträgt, ihn in seinem getrübten Realitätssinn noch zu bestärken (daher die gestrichelten Pfeile im Tafelbild). Biff, der ihm zwar den Blick für die Realität öffnen möchte, trägt dadurch sogar zur Verschärfung der Konflikte bei. In der Vergangenheit finden sich seine Leitbilder, an denen er sich orientiert, die aber in sich widersprüchlich sind und – da sie bezeichnenderweise der Vergangenheit angehören – keine Gültigkeit mehr besitzen.

Der äußere Kreis schließlich verdeutlicht das gesellschaftliche Umfeld mit seinen jeweiligen Ideologien, Verhaltensweisen etc., an denen Willy sich orientiert, bzw. an denen er scheitert.

Es wäre möglich, daß der eine oder andere Schüler die Leitfiguren eher auf demselben äußeren Kreis wie Charley, Bernard und Howard ansiedeln möchte, da sie alle gleichermaßen Vertreter bestimmter Verhaltensweisen sind. Einen solchen Einwand sollte man dann unbedingt aufgreifen, um nochmals zu erklären, daß in der Tat die Vorbilder der Vergangenheit für Loman greifbarer sind als die gegenwärtigen Vertreter der Realität.

Außerhalb dieser Personenkreise stehen schließlich die dominierenden Ideologien, Verhaltensweisen etc., d. h. auf der einen Seite die der Vergangenheit, auf der anderen die der sozialen Wirklichkeit. So zeigt dieses Tafelbild Loman abschließend noch einmal im Spannungsfeld von Gegenwart und Vergangenheit bzw. von Illusion und Wirklichkeit.

2. Unterrichtsschritt:
The inadequacy of modern society

Im Anschluß an diese Zusammenfassung wollen wir uns darauf konzentrieren, Millers Kritik an der gesellschaftlichen Realität und die Unzulänglichkeiten dieser modernen Gesellschaft aufzuzeigen. Die Eingangsfrage leitet zum Thema über und gibt den Schülern nach der relativ langen, vorwiegend lehrerzentrierten Phase wieder die Möglichkeit, eigene Überlegungen vorzubringen. Sie soll zu der Erkenntnis führen, daß trotz der persönlichen Verantwortung, die Loman für sein Versagen trägt und die bislang immer wieder im Mittelpunkt des Interesses stand, man die Gesellschaft nicht von Mitverantwortung freisprechen kann, da sie verständliche Bedürfnisse und Forderungen des Einzelnen nicht erfüllt.

In welchem Umfang die Schüler diese Unzulänglichkeiten gleich beim ersten Ansatz vorbringen, läßt sich schwer vorhersagen. Deshalb sind im Stundenblatt detaillierte Leitfragen angegeben, durch die je nach Unterrichtsverlauf dieser Komplex näher konkretisiert werden kann.

Der anschließende Vergleich zu Charley und Biff läßt zwar einerseits wiederum Willys individuelle Schwächen erkennen, soll aber in diesem Zusammenhang auch helfen, den ideologiekritischen Standpunkt des Autors zu verdeutlichen. Denn indem die Gesellschaft an der immer noch nachwirkenden Ideologie des *American Dream* festhält, toleriert sie bewußt die Diskrepanz zwischen Mythos und gesellschaftlicher Wirklichkeit – insofern also ist Charley, der dies als gegeben hinnimmt, ein typischer Vertreter dieser Gesellschaft. Diese ideologischen Vorstellungen verschleiern die Wirklichkeit und erzeugen dadurch Illusionen, die Loman im Gegensatz zu Biff nicht mehr aufgeben kann, weil sie für ihn allmählich zur existentiellen Notwendigkeit geworden sind. Erst wenn die Schüler dies erkannt haben, wird es gelingen, das Wesentliche der Gesellschaftskritik in *DS* deutlich zu machen.

3. Schritt:
The American Dream

Will man die gesellschaftliche Dimension dieses Stückes erarbeiten, muß man ferner den exemplarischen Charakter Willy Lomans verdeutlichen. Daher versucht dieser Schritt in aller Kürze zu zeigen, daß es sich bei Lomans Scheitern nicht um ein Einzelschicksal handelt, sondern daß Loman als *American Everyman* zu verstehen ist, dessen Träume und Ideale viele Menschen der gegenwärtigen Gesellschaft teilen.

Obwohl dies im Zusammenhang mit Lomans Leitbildern bereits geschehen ist, soll hier nochmals darauf hingewiesen werden, daß er seine *wrong dreams* von gesellschaftlich vermittelten Leitbildern herleitet, die einen konkreten Bezug zur amerikanischen Geschichte haben, d. h. von historischen Spielarten des *American Dream*.

4. Schritt:
Critical Evaluation

Nunmehr sind alle gesellschaftlichen Implikationen erfaßt, und die Schüler müßten in der Lage sein, sich abschließend zu Millers Gesellschaftskritik bzw. zu dem Problem der gesellschaftlichen Mitverantwortung zu äußern. Wie in der alternativ vorgeschlagenen Unterrichtsplanung sollte man auch hier betonen, daß der Autor Zweifel an der Gültigkeit des American Dream zum Ausdruck bringt, gleichzeitig jedoch feststellt, daß der Glaube an die mögliche Verwirklichung dieses Traumes nach wie vor in der amerikanischen Gesellschaft fortwirkt.

Daß dieser Glaube gefährlich ist und seiner Meinung nach selbstzerstörerische Kräfte in der Gesellschaft freisetzen kann, zeigt der Selbstmord Willy Lomans.

Literaturverzeichnis

Theater-Essays

Arthur Miller: *Tragedy and the Common Man*, 1949
On Social Plays, 1955
Introduction to the Collected Plays, 1957 (im Text abgekürzt „CP")
The Shadows of the Gods, 1958
Morality and Modern Drama, 1958
in: Martin, Robert A. (ed.), *The Theater Essays of Arthur Miller*, New York 1978

Zur Interpretation

Carson, Neil: *Arthur Miller,* London 1982
Eisinger, Chester E.: *Focus on Arthur Miller's Death of a Salesman*
in: Madden, David, *American Dreams, American Nightmares*, Southern Illinois 1970
Goetsch, Paul: *Arthur Millers Zeitkritik in Death of a Salesman*
in: Die Neueren Sprachen, 1967
ders.: *Miller. Death of a Salesman*
in: P. Goetsch (Hrsg.), Das amerikanische Drama (Bagel), Düsseldorf 1974
Grandel, Hartmut: *Death of a Salesman – Tragödie oder soziales Drama*
in: A. Weber/S. Neuweiler (Hrsg.) *Amerikanisches Drama und Theater im 20. Jahrhundert*, Göttingen 1975
Groene, Horst: *Death of a Salesman – Beispielhafte amerikanische Dramenkunst*
in: Literatur in Wissenschaft und Unterricht, 4, 1971
Gross, Barry E.: *Peddler and Pioneer in Death of a Salesman*
in: Modern Drama, Februar 1965
Hagopian, John V.: *Death of a Salesman* in J. V. Hagopian and Martin Dolch (ed.) *Insight I – Analysis of American Literature*, Frankfurt-Main 1975[5]
Hayman, Ronald: *Arthur Miller*, New York 1972
Hogan, Robert: *Arthur Miller*, University of Minnesota Press Minneapolis 1964
Jochems, Helmut: *Death of a Salesman – eine Nachlese*
in: Literatur in Wissenschaft und Unterricht 1, 1968
Kennedy, Sighle: *Who Killed the Salesman?*
in: Koon, Helene W., *Twentieth Century Interpretations of Death of a Salesman*, 1983
Lange, Wigand: *Krisenklassiker, nicht Universalklassiker. Zur Renaissance Arthur Millers*
in: TheaterZeitSchrift 11 (1985)
Lübbren, Rainer: *Miller*, Friedrichs Dramatiker des Welttheaters Bd. 19, Hannover 1969, 2. Auflage
Mennemeier, Franz N.: *Das moderne Drama des Auslandes*, Düsseldorf 1965, 2. Auflage
Moss, Leonard: *Arthur Miller*, New York 1967
Murray, Edward: *Arthur Miller, Dramatist*, New York 1967
Parker, Brian: *Point of View in Arthur Miller's Death of a Salesman*
in Corrigan, R. W. (ed.), *Arthur Miller, A Collection of Critical Essays*, New Jersey 1969
Porter, Thomas E.: *Acres of Diamonds: Death of a Salesman*
in: Myth and Modern Drama, Detroit 1969
Roessle, Wolfgang: *Die soziale Wirklichkeit in Arthur Millers Death of a Salesman*, Freiburg, Schweiz 1970

Siegel, Paul N.: *Willy Loman and King Lear*
 in: Koon, H. W. (ed.), *Twentieth Century Interpretations of Death of a Salesman,* 1983
Steinberg, M. W.: *Arthur Miller and the Idea of Modern Tragedy*
 in: Corrigan, R.W. (ed.), *Arthur Miller, A Collection of Critical Essays,* 1969
Szondi, Peter: *Theorie des modernen Dramas,* Frankfurt/Main 1964
Weales, Gerald: *Arthur Miller*
 in: A. S. Downer (ed.), *The American Theater,* Princeton, New Jersey 1967
Welland, Dennis: *Miller: a study of his plays,* London 1979

Textsammlungen zum Thema American Dream

Empfehlenswerte Textsammlungen (teilweise auf der Basis literarischer Texte) sind:
Tracy, Brian/Helms, Erwin (ed.), *American Dreams – American Nightmares,* (Schöningh) Paderborn 1981
Ulrich Klinge, *The American Dream*
 in: Courses in English, Bd. 6
Theumer, Erich (ed.), (Bagel) Düsseldorf 1982
The American Dream – Past and Present, (Klett) Stuttgart 1986

Zusatztexte zum historisch-gesellschaftlichen Hintergrund

Wer einen kurzen Abriß über den historisch-gesellschaftlichen Hintergrund, insbesondere über den *American Dream* geben möchte, sei auf folgende Sachtexte hingewiesen, über die sich ggf. ein unmittelbarer Bezug zu *DS* herstellen läßt:

The End of the American Dream
in: Life, Language, Literature
Lese- und Arbeitsbuch für Grund- und Leistungskurse (Klett), S. 138f.

American Life Goals
in: Gerhard Kostuch (Hrsg.), *Problems and Opinions* (Diesterweg), S. 54f.

The American Way of Life – A Hard-Working Way born in Past Experience
in: The Changing Scene in Britain and the USA
Oberstufenlesebuch (Diesterweg), S. 148f.